本专著受湖北省高等学校哲学社会科学研究重大项目（省级人文社科项目）
"习近平总书记关于推动长江经济带发展的重要论述及其实践研究"（21ZD064）、
湖北省普通高校人文社会科学重点研究基地-企业与环境协调发展研究中心资助。

长江经济带工业绿色技术创新效率测度评价、影响机制及提升策略研究

闫华飞　肖　静　郑新宇　著

吉林大学出版社

·长春·

图书在版编目（CIP）数据

长江经济带工业绿色技术创新效率测度评价、影响机制及提升策略研究 / 闫华飞, 肖静, 郑新宇著. -- 长春: 吉林大学出版社, 2022.06
ISBN 978-7-5692-9923-6

Ⅰ.①长… Ⅱ.①闫… ②肖… ③郑… Ⅲ.①长江经济带—工业经济—绿色经济—经济发展—研究 Ⅳ.①F427.5

中国版本图书馆CIP数据核字(2022)第016507号

书　　名：	长江经济带工业绿色技术创新效率测度评价、影响机制及提升策略研究 CHANGJIANG JINGJIDAI GONGYE LÜSE JISHU CHUANGXIN XIAOLÜ CEDU PINGJIA、YINGXIANG JIZHI JI TISHENG CELÜE YANJIU
作　　者：	闫华飞　肖　静　郑新宇　著
策划编辑：	董贵山
责任编辑：	殷丽爽
责任校对：	曲　楠
装帧设计：	雅硕图文
出版发行：	吉林大学出版社
社　　址：	长春市人民大街4059号
邮政编码：	130021
发行电话：	0431-89580028/29/21
网　　址：	http://www.jlup.com.cn
电子邮箱：	jldxcbs@sina.com
印　　刷：	长春市赛德印业有限公司
开　　本：	787mm×1092mm　1/16
印　　张：	10.5
字　　数：	210千字
版　　次：	2023年1月　第1版
印　　次：	2023年1月　第1次
书　　号：	ISBN 978-7-5692-9923-6
定　　价：	78.00元

版权所有　翻印必究

前　言

　　长江经济带涵盖沿江11省市，横跨我国东中西三大板块，人口规模和经济总量占据全国"半壁江山"，是具有全球意义的东中西互动协调发展带、生态文明建设先行示范带、创新驱动带。推动长江经济带发展是以习近平同志为核心的党中央作出的重大决策，是关系国家发展全局的重大战略。长江经济带具有深厚的工业基础，数据显示，沿线工业总量约占全国的44%，重工业、轻工业、高新技术产业和新兴产业均十分发达。然而，随着工业规模的逐渐扩大而引发的环境污染问题亦愈发严重。长江经济带工业废水排放总量占全国的40%以上，污染性气体排放强度是全国平均水平的1.5~2倍。为了保护长江流域生态环境，更好地发挥长江经济带"黄金水道"作用，中共中央、国务院明确要求应以生态优先、绿色发展为引领，发挥绿色技术的关键作用，推动长江上中下游地区高质量发展。自2014年长江经济带发展战略上升为国家战略以来，已历经了7年的建设和发展，在实施"十四五"规划和2035年远景目标的当下，考察其工业绿色技术创新水平现状，总结过去，展望未来，对于其生态优先绿色发展战略的具体实践有重大意义。

　　绿色、创新、效率是衡量高质量发展的重要维度。绿色技术创新最早兴起于发达国家的工业生产中，是通过控制环境污染与制定相关规定，推动以环境保护为特征的创新及发展行为。与传统的技术创新效率不同，绿色技术创新效率强调技术创新要与环境相协调、相适应，探讨的是绿色投入产出关系。工业是长江经济带重要的产业形态，也是最可能影响长江经济带绿色发展的产业形态。工业绿色技术创新及其效率问题是关乎长江经济带绿色发展、可持续发展的关键问题。

　　本研究以产业发展理论、绿色创新理论、技术创新理论、效率理论、可持续发展理论等充实的理论基础作为支撑，在对现状进行深入分析的前提下，采集长江经济带11省市2014—2018年工业面板数据，围绕长江经济带工业绿色技术创新效率进行研究。主要研究内容：

　　第一，长江经济带工业绿色技术创新现状研究。从长江经济带概况及其发展战略、创新基础条件、创新投入、期望产出、环境产出等角度全面把握长江经济带工业绿色技术创新现状，并对长江经济带 11 省市绿色技术创新的发展基础、政策举措、发展成效进行梳理。

第二，长江经济带工业绿色技术创新效率的计量与分析。构建 SBM 数据分析模型，选取投入指标、期望产出与非期望产出指标，通过数据分析工具 MaxDEA Pro 评价工业绿色技术创新效率；通过全局 Malmquist 指数模型，计算长江经济带工业绿色全要素生产率（MI 指数），并进一步将其分解为效率变化（EC 指数）和技术变化（TC 指数），以明晰效率的动态演化趋势。

第三，长江经济带工业绿色技术创新效率的影响因素分析。运用全局莫兰指数模型，借助 Stata 软件对工业绿色技术创新效率的空间集聚特征进行判别；运用 SPSS 软件对科技创新环境、对外开放程度、产业结构、外资依存度、市场竞争环境、城镇化程度、环境规制等假定影响因素进行共线性检验，确定最终解释变量；进行空间计量模型的对比选择，确定最优模型——空间杜宾模型，对影响效率的显著因素进行甄别，并对各因素的影响程度进行实证分析和结论解析。

第四，长江经济带工业绿色技术创新效率的影响机制研究。根据影响因素分析，进一步从理论与实证角度探究各因素与工业绿色技术创新效率间可能存在的影响机制。机制 1：环境规制、外商直接投资与工业绿色技术创新效率。主要分析环境规制、外商直接投资对工业绿色技术创新效率的影响，探究外商直接投资在环境规制与效率间的中介效应，并分析基于外商直接投资门槛环境规制对创新效率的非线性影响。机制 2：对外开放、市场竞争与工业绿色技术创新效率。主要研究市场竞争在对外开放与工业绿色技术创新效率间的传导机制，并探讨由政府主导的科技创新环境在其中的调节效应，由此构建一个有调节的中介机制模型。运用层次回归方法，对调节中介机制进行逐一检验，并采用多种稳健性检验方法对实证结论进行验证。机制 3：新型城镇化与产业结构耦合对工业绿色技术创新效率的影响。分别构建新型城镇化和产业结构的评价指标体系，利用熵权法计算出二者的评价得分，在此基础上运用耦合协调模型对长江经济带新型城镇化与产业结构的耦合协调水平进行测度，分析耦合程度及其年度变化特征，而后运用空间计量工具实证分析新型城镇化和产业结构的耦合对工业绿色技术创新效率的影响。

第五，提升长江经济带工业绿色技术创新效率的建议与对策。依据上述研究观点和结论，从加强区域交流合作、加大科技创新投入、提高对外开放水平、优化产业结构、营造良好创新环境等角度提出针对性措施，以期为提升长江经济带工业绿色技术创新水平提供智力支持。

前　言

　　本研究评价测度了长江经济带工业绿色技术创新效率，实证分析了其影响因素，并对工业绿色技术创新效率的影响机制展开探讨，提出了促进长江经济带工业绿色技术创新效率提升的对策措施。其理论价值体现在：其一，选择工业形态为切入点，科学计量和实证分析了长江经济带工业绿色技术创新效率及其影响因素，丰富了绿色创新的研究成果。其二，综合运用SBM模型、全局莫兰指数、空间计量模型，科学界定了效率的空间集聚特征，准确甄别出效率的影响因素。其三，探讨长江经济带工业绿色技术创新效率的影响机制，进一步明晰其内在影响机理，为长江经济带工业绿色技术创新效率的提升提供理论支撑。其实践价值体现在：一方面，有关长江经济带工业绿色技术创新效率现状、影响因素与机制及提升策略的观点和结论，能为政府部门相关政策制定提供有益参考，有利于政府在引导工业绿色发展时把握现状、对症下药，以促进各区域、省域间的协调发展。另一方面，能对工业企业推进自身产业转型升级、推动绿色技术创新产生一定的指导和借鉴作用，有利于企业精准检视现存问题，加快企业绿色技术创新发展。此外，对其他产业的绿色技术创新效率提升也有一定的借鉴和启示作用。

目 录

第1章 绪 论 ··· 1
　1.1 研究背景 ··· 1
　1.2 研究目的与意义 ··· 3
　　1.2.1 研究目的 ··· 3
　　1.2.2 研究意义 ··· 3
　1.3 文献综述 ··· 4
　　1.3.1 效率评价相关研究 ·· 4
　　1.3.2 影响因素分析相关研究 ·· 6
　　1.3.3 影响机制相关研究 ·· 7
　　1.3.4 文献述评 ··· 8
　1.4 研究方法与思路 ··· 8
　　1.4.1 研究方法 ··· 8
　　1.4.2 研究思路 ··· 9
　1.5 研究重难点及创新 ·· 10
　　1.5.1 研究重难点 ··· 10
　　1.5.2 创新之处 ·· 11
　1.6 技术路线 ·· 12

第2章 相关概念与理论基础 ··· 13
　2.1 相关概念 ·· 13
　　2.1.1 技术创新 ·· 13
　　2.1.2 绿色技术创新 ·· 14
　　2.1.3 绿色技术创新效率 ··· 15
　　2.1.4 工业绿色技术创新效率 ·· 15
　2.2 理论基础 ·· 16
　　2.2.1 技术创新理论 ·· 16
　　2.2.2 效率理论 ·· 19
　　2.2.3 绿色创新理论 ·· 20

2.2.4　可持续发展理论·· 21
第 3 章　长江经济带工业绿色技术创新现状································· 23
　3.1　长江经济带及其发展战略·· 23
　　　3.1.1　历史溯源··· 23
　　　3.1.2　区域概况··· 26
　　　3.1.3　战略形成··· 30
　　　3.1.4　战略实施··· 35
　3.2　长江经济带整体工业绿色技术创新现状···························· 39
　　　3.2.1　基础条件··· 39
　　　3.2.2　资源投入··· 41
　　　3.2.3　期望产出··· 44
　　　3.2.4　环境产出··· 46
　3.3　11 省市工业绿色技术创新现状······································ 47
　　　3.3.1　发展基础··· 47
　　　3.3.2　政策举措··· 49
　　　3.3.3　发展成效··· 52
第 4 章　长江经济带工业绿色技术创新效率测量··························· 54
　4.1　效率测量的意义与方法·· 54
　　　4.1.1　效率测量的意义·· 54
　　　4.1.2　效率测量的方法·· 55
　4.2　测量模型选择··· 57
　　　4.2.1　SBM 模型··· 57
　　　4.2.2　全局 Malmquist 指数··· 57
　4.3　指标选取··· 58
　4.4　数据来源··· 59
　4.5　实证结果与分析·· 60
　　　4.5.1　描述性统计·· 60
　　　4.5.2　相关系数··· 60
　　　4.5.3　绿色技术创新效率静态结果································· 61
　　　4.5.4　Malmquist 指数动态分解···································· 63
　4.6　本章小结··· 67
第 5 章　长江经济带工业绿色技术创新效率的影响因素分析············ 68
　5.1　影响因素分析的意义及方法·· 68

  5.1.1 影响因素分析的意义 ·· 68
  5.1.2 影响因素分析的方法 ·· 68
 5.2 研究模型选择 ·· 70
  5.2.1 全局莫兰指数 ··· 70
  5.2.2 空间杜宾模型 ··· 71
 5.3 变量选取与测量 ·· 71
 5.4 空间分布及空间相关性分析 ·· 73
  5.4.1 工业绿色技术创新效率空间分布 ································ 73
  5.4.2 空间相关性分析 ··· 75
 5.5 影响因素分析 ·· 76
  5.5.1 模型对比与选择 ··· 76
  5.5.2 SDM 模型估计结果 ··· 77
  5.5.3 稳健性检验 ·· 79
 5.6 本章小结 ··· 80

第6章 机制1：环境规制、FDI与工业绿色技术创新效率 ············ 82
 6.1 引　言 ·· 82
 6.2 文献回顾与研究假设 ·· 83
  6.2.1 环境规制与工业绿色技术创新效率 ····························· 83
  6.2.2 环境规制与外商直接投资 ··· 83
  6.2.3 外商直接投资与工业绿色技术创新效率 ···················· 84
  6.2.4 外商直接投资的中介效应和门槛效应 ························ 84
 6.3 变量、模型与数据 ··· 85
  6.3.1 变量选取与测量 ··· 85
  6.3.2 模型构建 ·· 86
  6.3.3 数据来源 ·· 87
 6.4 实证分析 ··· 88
  6.4.1 单位根与面板协整检验 ·· 88
  6.4.2 假设检验 ·· 88
  6.4.3 稳健性检验 ·· 90
  6.4.4 门槛效应检验 ··· 91
 6.5 本章小结 ··· 93

第7章 机制2：对外开放、市场竞争与工业绿色技术创新效率 ········ 94
 7.1 引　言 ·· 94

7.2 文献回顾与研究假设 ··· 95
  7.2.1 对外开放与工业绿色技术创新效率 ·································· 95
  7.2.2 对外开放与市场竞争 ·· 95
  7.2.3 市场竞争与工业绿色技术创新效率 ·································· 96
  7.2.4 市场竞争的中介作用 ·· 97
  7.2.5 科技创新环境的调节作用 ·· 97
7.3 变量、模型与数据 ··· 98
  7.3.1 变量选取与测量 ··· 98
  7.3.2 模型构建 ··· 99
  7.3.3 数据来源 ··· 100
7.4 实证分析 ··· 101
  7.4.1 面板数据基础性检验 ·· 101
  7.4.2 假设检验 ··· 102
  7.4.3 结果讨论 ··· 104
  7.4.4 稳健性检验 ··· 105
7.5 本章小结 ··· 107

第8章 机制3：新型城镇化与产业结构耦合对工业绿色技术创新效率的影响 ··· 109

8.1 引　言 ··· 109
8.2 文献回顾 ··· 109
8.3 耦合协调度测量 ··· 111
  8.3.1 新型城镇化、产业结构指标测量 ···································· 111
  8.3.2 耦合协调度模型构建 ·· 113
  8.3.3 耦合协调度测量结果及分析 ·· 114
8.4 机制分析变量、模型与数据 ··· 116
  8.4.1 变量选取与测量 ··· 116
  8.4.2 模型构建 ··· 116
  8.4.3 数据来源 ··· 116
8.5 实证结果与分析 ··· 117
  8.5.1 模型选择 ··· 117
  8.5.2 空间杜宾模型结果分析 ·· 119
  8.5.3 稳健性检验 ··· 121
8.6 本章小结 ··· 121

第9章 长江经济带工业绿色技术创新效率的提升对策 ……… 123
9.1 提升工业绿色技术创新效率的SWOT分析 ……… 123
9.2 提升工业绿色技术创新效率的具体对策 ……… 124
9.2.1 加强地区间的交流合作 ……… 124
9.2.2 加大科技创新投入力度 ……… 125
9.2.3 拓展对外开放的深度和广度 ……… 126
9.2.4 深入推进产业结构优化升级 ……… 127
9.2.5 优化外资利用 ……… 128
9.2.6 建立良性的市场竞争氛围 ……… 129
9.2.7 提高能源利用效率 ……… 130
9.2.8 树立并强化企业主体地位 ……… 130
9.2.9 加快推进新型城镇化与产业结构的耦合发展 ……… 131
9.3 提升工业绿色技术创新效率的保障措施 ……… 132
9.3.1 制度保障 ……… 132
9.3.2 政策保障 ……… 132
9.3.3 思想保障 ……… 133
9.3.4 人才保障 ……… 133
附 录 ……… 135
参考文献 ……… 144

第1章 绪　　论

1.1　研究背景

（1）绿色、创新已成为工业经济转型发展的必然选择。

当今世界，人口、资源和环境是人类社会必须面对的三大重要问题。其中环境问题尤为突出，因为传统生产技术在给工业带来巨大经济收益的同时，也对环境造成了不可挽回的损害和威胁。1978年，中共中央作出了实行改革开放的伟大决策，随着外向型经济模式的初步形成，经济开始步入高速发展时期，对资源的消耗程度进一步加深，这使得我国经济发展在这一时期内陷入了粗放化的恶性循环，对资源的过度依赖给生态环境造成了较大压力，经济的可持续发展受到制约。近年来，中国经济增长速度放缓，经济增长由高速度向高质量转变。作为资源消耗和环境污染主体的工业必须承担起减轻资源环境压力的重任，走绿色发展之路，助推我国经济可持续和高质量发展。

随着我国经济发展进入工业化后期阶段，转型升级到了关键时刻，要实现工业经济的转型发展，未来我国工业化战略必须实现从要素驱动到创新驱动的转变。科学技术是第一生产力，也是一个国家乃至整个社会的核心竞争力。而技术创新作为科学技术的原动力，是推动经济增长和社会进步的重要因素，也是工业转型发展的关键力量。工业是创新发展、绿色发展的重要承担者，在绿色技术创新活动中发挥着基础研发、专利申请、成果转化等方面的主体作用。作为新时期经济发展三大支撑带之一的长江经济带聚集了全国约44％的工业总量，同样面临着转型发展的迫切任务。随着长江经济带工业规模的逐渐扩大而引发的环境污染亦愈发严重，创新发展、绿色发展刻不容缓。在此背景下，引导长江经济带工业大力开展绿色技术创新活动、提升绿色技术创新效率具有重要现实意义。

（2）绿色、创新已成为实施长江经济带发展战略的基本理念。

"创新、协调、绿色、开放、共享"五大发展理念是我国工业转型发展的行动指南。其中，创新发展居于首要位置，是引领工业转型发展的第一动力；绿色发展是破解长期以来工业高能耗高污染发展模式的重要法宝，也是建设资源节约型、环境友好型社会的必然要求。全面贯彻新发展理念是实施长江经济带发展战略的基本遵循。为此，党中央、国务院出台了一系列有关工业转型升级、长江经济带发展的政策措施。

2016年工信部发布的《工业绿色发展规划（2016—2020年）》明确指出"以传统工业绿色化改造为重点，以绿色科技创新为支撑，以法规标准制度建设为保障，实施绿色制造工程，加快构建绿色制造体系，大力发展绿色制造产业，推动绿色产品、绿色工厂、绿色园区和绿色供应链全面发展，建立健全工业绿色发展长效机制，提高绿色国际竞争力，走高效、清洁、低碳、循环的绿色发展道路，推动工业文明与生态文明和谐共融，实现人与自然和谐相处。"《长江经济带创新驱动产业转型升级方案》（2016）提出以创新为动力，依托科技创新、制度创新双轮驱动，构建全方位创新发展体系。《关于加强长江经济带工业绿色发展的指导意见》（2017）要求进一步提高工业资源能源利用效率，降低工业发展对生态环境的影响。2018年，习近平总书记在湖北武汉召开的深入推动长江经济带发展座谈会上更是强调要推动绿色产业合作，深入实施创新驱动发展战略，推动人才、资金、技术在上中下游地区合理流动。2020年11月，习近平总书记在全面推动长江经济带发展座谈会上提出：要使长江经济带成为我国生态优先绿色发展的主战场、成为畅通国内国际双循环的主动脉、成为引领经济高质量发展的主力军。因此，长江经济带工业的转型升级必须走创新发展、绿色发展、协同发展的路子，提升长江经济带工业绿色技术创新效率，实现工业绿色技术创新协同发展，是长江经济带高质量发展的内在要求。

自2014年中共中央、国务院明确提出将长江经济带发展战略上升为国家战略，并将其与"一带一路"、京津冀协同发展并列为当前重点推进的三大战略以来，长江经济带绿色发展、创新发展取得了诸多成绩，将成为未来全国的生态文明建设示范带、创新驱动带。在此背景下，经历了7年的建设和发展，在谋划"十四五"规划和2035年远景目标的当下，长江经济带工业绿色技术创新效率究竟如何？区域间差异怎样？哪些因素影响了工业绿色技术创新效率？作用机制是什么？提升路径在哪里？寻求以上问题的答案，对于推动长江经济带工业后续创新发展、绿色发展具有重要的启示和参考价值。

1.2 研究目的与意义

1.2.1 研究目的

本研究将以长江经济带工业为研究对象，采用理论和实证研究方法，分析长江经济带工业绿色技术创新发展现状，对工业绿色技术创新效率进行评价，并运用空间计量工具，对影响效率的因素及其内在作用机制进行分析，最后针对性地提出对策建议，以促进长江经济带工业绿色技术创新效率的提升。具体而言，本研究将实现以下几方面的目的：

（1）从长江经济带发展战略的形成与实施以及工业绿色技术创新过程中的基础条件、投入要素、产出要素以及环境方面的非期望产出等角度摸清长江经济带工业绿色技术创新现状。为了进一步了解长江经济带11省市的具体情况，随后又从工业发展基础、相应政策举措以及发展成效三方面全面梳理了11省市工业绿色技术创新的基本现状。

（2）构建工业绿色技术创新效率的投入产出指标体系，建立SBM模型对长江经济带工业绿色技术创新效率进行评价，然后采用全局Malmquist模型对长江经济带工业绿色全要素生产率及其分解效率展开分析。

（3）在计算出工业绿色技术创新效率的基础上，借助空间计量工具研究工业绿色技术创新效率的空间集聚特征，在排除前因变量多重共线性的基础上对影响效率的因素进行探究。

（4）通过对影响因素的梳理，首先从理论层面探究各因素对工业绿色技术创新效率影响的内在机制，然后构建概念模型，综合运用调节与中介效应检验、门槛模型、耦合模型等实证方法检验各影响机制。

（5）针对长江经济带工业绿色技术创新效率的评价结果、影响因素及作用机制，提出相应的对策建议，为长江经济带工业绿色技术创新的可持续发展提供智力支持与理论指导。

1.2.2 研究意义

研究长江经济带工业绿色技术创新效率具有以下理论意义和实践意义。

理论意义：其一，通过对国内外相关文献的梳理发现，学界对长江经济带工业绿色技术创新效率的研究相对较少，本研究选择工业为切入点，科学计量和实证分析了长江经济带工业绿色技术创新效率及其影响因素,丰富了绿色技术创新效率的研究成果。其二,本研究运用 SBM 模型以及空间计量模型,在研究方法上进行了一定创新,测量方法和实际绿色技术创新过程更加契合,在效率测算的基础上采用全局莫兰指数探索效率的空间集聚特征,进一步运用空间计量模型对影响效率的因素进行甄别,一定程度上保证了计量结果的科学性和准确性。其三,本研究对长江经济带工业绿色技术创新效率的影响机制展开探讨,进一步明晰了其内在影响机理,为长江经济带工业绿色技术创新效率的提升提供了理论支撑。

实践意义:一方面,本研究有关长江经济带工业绿色技术创新效率现状、影响因素与机制及提升策略的观点和结论,能为政府部门相关政策的制定提供有益参考,有利于政府在引导工业绿色发展时把握现状、对症下药,以促进各区域、省域间的协调发展。另一方面,能对工业企业推进自身产业转型升级、推动绿色技术创新产生一定的指导和借鉴作用,有利于企业精准检视现存问题,加快企业绿色技术创新发展。此外,本研究对其他产业的绿色技术创新效率提升也有一定的借鉴和启示作用。

1.3 文献综述

1.3.1 效率评价相关研究

在效率评价方法上,学者们主要采用随机前沿模型(SFA)、数据包络分析(DEA)等方法。易明(2019)基于随机前沿生产函数对全国 27 个省市和八大经济区域的高新技术产业创新效率进行测算评估,效率测算结果表明中国高新技术产业创新效率整体较低,区域间效率呈现波动上升趋势,并结合空间分析工具探究创新效率的空间溢出效应,发现空间溢出效应并不明显。姬中洋(2019)根据全国 28 省市的面板数据,通过随机前沿模型测度高技术产业的技术效率,重点分析了税收对高技术产业技术效率的影响及机制,研究证明了税收优惠对高技术产业技术效率具有正向显著影响,R&D 经费外部支出、非研发创新支出和企业规模对技术效率起到部分中介效应。由于随机前沿模型自身存在较多限制,有学者倾向于用数据包络分析(DEA)方法进行效率测算。刘云强(2018)运用 DEA 模型对 2005—2015 年长江经济带城市群的生态效率进行测度,研究发现长江经济带生态效率具有明显的梯级差异,在产业集聚引导下，绿色技术创新对生态效率具有明显的正向作用；姚炯（2018）应用 Hybrid-DEA 模型测算了区域低碳创新绩效，从技术异质性和节能减排约束出发，研究证明非期望产出会显著降低创新活动效率；俞雅乖（2016）构建跨期 DEA 模型对我国城市的环境绩效进行评估。学者们在运用传统的 DEA 模型时发现其对投入产出同比例、同径向的要求会造成效率评价结果缺乏准确性，Tone（2004）据此提出了非径向的 SBM 模型，将传统 DEA 模型未考虑的松弛变量纳入其中，增强了模型估算的准确性。

关于绿色技术创新效率的研究视角一般分为两类，从企业及行业层面进行的微观研究和从区域层面进行的宏观研究。作为创新主体，企业在创新开展及创新成果市场化过程中都扮演着重要角色。俞立平（2007）运用 DEA 模型，结合 Malmquist 指数发现企业的性质不同会对企业创新效率结果产生差异。陈伟、刘井建（2008）利用 DEA-Malmquist 指数方法，对 15 家中国电子行业上市企业的创新效率进行测评，发现资源配置效率下降是引起创新效率低的主要原因。李翠锦（2007）通过研究企业绿色创新效率的综合评定方法，利用主成分分析方法与回归方法测度了 1997—2003 年某化工企业的绿色技术创新效率。闫华飞等（2020）基于 DEA 模型，对 28 家中国磷化工上市企业 2018 年的技术创新效率进行评价，研究发现磷化工上市企业技术创新效率总体较低，现有投入情况下产出较少以及投入产出结构不合理是规模效率偏低的主要原因。

在区域研究层面，学者们倾向于将绿色技术创新效率按照国家或者地区进行划分，研究技术创新在不同区域环境约束下的表现。区域创新效率是从效率理论中衍生出来的，学者们将技术创新放在区域经济学的视角里，参照技术创新的概念，将其定义为在一定的地理范围内，技术创新资源的投入与产出的比值，即技术创新产出除以相应的投入。Mika Kortelainen（2008）按照区域划分通过 Malmquist 指数对 OECD 国家及 20 个欧盟成员国进行技术创新效率评价。Hak-Yeon Lee、Yong-Tae Park（2005）通过对日本、中国、新加坡三个国家的技术创新效率进行统计分析，发现新加坡的技术创新效率最高，中国相比最低，日本居中。肖仁桥、王宗军（2018）等基于中国 2001—2010 年创新效率相关数据，将 30 个省份分成东部、中部、西部、东北部 4 个区域，分别对绿色技术创新效率在各区域科技研发和成果转化阶段的表现进行研究。曹霞、于娟（2015）基于低碳经济视角，发现中国技术创新效率存在东高西低的特点。何枫、陈荣（2004）在 C－D 生产函数的理论基础上运用 SFA 模型测算中国东中西部技术效率变迁，得出中国东部平均技术效率水平显著高于中部和西部地区。王春枝、赵国杰（2015）通过研究中国 30 个省份 13 年的分区域数据，发现由于地理位置不同，东部地区异质性在逐渐变小。刘和东（2010）以中国西北和西南地区为研究对象，运用改进后的二阶段 DEA 模型，对西北和西南地区技术创新效率存在的差异进行分析，并提出相应对策。

1.3.2 影响因素分析相关研究

首先，在影响因素变量的探究上，影响因素变量的选取往往集中于两个方面：内部影响因素和外部影响因素。

其一，内部影响因素。即企业创新主体内部的影响，企业规模、企业技术水平、创新能力、R&D 活动、企业高层管理等是常见的变量。例如，Sharma S（2000）基于企业发展战略的视角，以企业消费者、企业技术创新水平与能力、企业高层管理水平等为研究变量，研究发现上述企业内部影响因素均对企业绿色技术创新效率产生了明显影响。Dilling-Hansen M、Madsen E S（2003）从创新的投入产出视域出发，重点探究企业 R&D 情况对企业技术创新的影响，研究认为 R&D 投入较平稳的企业绿色技术创新效率要明显低于 R&D 投入活跃的企业，技术创新的成功与否较大程度上取决于产品创新和过程创新。Jefferson、Huamao（2006）则重点对企业规模展开分析，研究发现在对产业效应进行控制后，企业规模能在一定程度上增加研发的强度和活力，最终达到提高创新效率的目的。此外，徐宁、徐向艺（2013）则认为企业领导的创新能力与企业绿色技术创新的扩散程度密切相关，应培养企业领导者的创新能力。

其二，外部影响因素。经济发展水平、城镇化水平、对外开放水平、环境规制、外商直接投资、产业结构等是常见的研究变量。李婉红（2019）从地区经济发展水平、地区竞争状况、政府资助、产业研发水平、市场开放度等五个方面探究中国高技术产业创新效率的影响因素，研究结论为市场开放度对效率有正向影响，政府资助、地区经济发展水平和地区竞争不利于效率的提升。任阳军（2019）选取产业集聚为核心解释变量，并一同分析经济发展水平、能源结构、外商投资、城市化水平等对中国绿色全要素生产率的影响，结果显示产业集聚对生产率的影响因地区不同而呈现明显的差异化特征，经济发展水平、能源结构、外商直接投资抑制了生产率的提高，而城市化水平和人力资本水平有显著促进作用。

其次，在影响因素的研究方法上，由于依据数据包络分析法得到的效率测算结果属于截断数据，不可采用一般的回归模型进行实证检验，而 Tobit 模型对截断数据具有较好的适配性，是最常见的研究方法。山红梅（2019）首先运用传统 DEA 模型对我国 31 省份的邮政业效率进行评价，最后采用 Tobit 模型对影响因素进行分析，研究发现市场化程度、交通状况、人才状况等关键变量对效率产生了重要影响。丁绪辉（2018）对省际水资源利用效率进行分析并探究其影响因素，在考虑非期望产出后计算效率，并运用 Tobit 模型对经济发展水平、工农业结构、政府干预水平、水资源丰富程度等变量进行了回归检验。宛群超（2019）基于我国省域高技术产业面板数据，利用 Tobit 模型研究空间集聚、企业家精神及其交互作用对区域创新效率的影响机制。楼旭明（2020）在测度出智能制造企业技术创新效率的基础上构建 Tobit 模型分析了影响效率的因素和程度。

1.3.3 影响机制相关研究

总体来说，相较于绿色技术创新效率的评价及影响因素分析而言，现有文献对绿色技术创新效率影响机制的探讨相对较少。

首先，从研究视域上看，对绿色技术创新效率影响机制的探讨多从外部影响因素出发，如环境规制、双向 FDI、技术创新、政府支持、产业集聚、制度环境等。陈兵、王伟龙（2021）在测算我国 269 个地级市绿色创新效率的基础上，从动态角度分析了互联网发展、产业集聚结果对绿色创新效率的影响机制，研究发现互联网发展和产业集聚的交互作用能够显著促进绿色创新效率的增长。李文鸿、曹万林（2020）对区域绿色创新效率展开探索，通过实证分析得出环境规制、FDI 均对绿色创新效率有正向影响，且 FDI、产业结构和环境规制的交互作用亦能够显著提升区域绿色创新效率。陈晓（2019）基于我国 2000—2017 年省级面板数据，从静态和动态角度建立调节效应模型，研究认为政府补助在环境规制与绿色技术创新之间存在正向调节作用，政府补助和环境规制共同促进绿色技术创新。

其次，在研究方法上，多集中在调节中介效应、门槛效应、交互效应检验等方法。游达明（2020）考虑到环境规制与财政分权的交互效应，认为在不同区域应选择不同环境规制手段，研究发现工业企业绿色创新效率具有显著空间集聚特征，财政分权对效率产生了负向影响。李诗音、龚日朝（2020）利用 2006—2016 年地区面板数据集，探讨了外商直接投资在环境规制与实体企业技术创新中的中介机制，结果显示外商直接投资作为中介变量显著影响了环境规制与技术创新间的 U 型关系，且存在异质性特征。陈龙梅、霍艳琳（2020）首先测度了 2008—2015 年我国工业绿色创新效率，进而运用门槛回归模型研究了生产性服务业发展对工业绿色创新效率的非线性影响，实证结果证实了两者间的倒 U 型关系。吕途、王学真（2020）选取中国大陆 30 个省市区的面板数据，主要基于面板门槛模型，研究了我国区域绿色创新效率水平的时空分异特征，并从人力资本视角验证了科技金融对区域绿色创新效率的影响，研究发现科技金融对区域绿色创新效率的影响受到人力资本的双重门槛调节，科技金融对效率的正向作用受到人力资本的阈值限制。

1.3.4 文献述评

综合文献发现，目前对绿色技术创新效率的评价多基于传统 DEA 模型，未充分考虑环境属性带来的"松弛问题"；研究视域也大多集中于中国省域、城市群或某一行业（产业），有关特定区域的研究相对较少；在影响因素的分析上，多使用 Tobit 模型，未考虑前因变量之间的多重共线性问题，且忽略了区域的空间关系；对绿色技术创新效率影响机制的研究相对较少，且探讨视域较为单一，多集中在环境规制、FDI 等角度，在研究视角上还存在一定的探索空间。本研究拟从四个方面进行拓展：第一，选择在我国经济版图中具有重要战略地位的长江经济带作为研究区域，重点研究其工业绿色技术创新效率及影响因素及机制；第二，采用 SBM 模型评价长江经济带工业绿色技术创新效率，纠正投入产出要素的"松弛问题"；第三，考虑影响因素的多重共线性问题，运用空间计量工具进行影响因素的实证分析，兼顾区域经济发展中的空间效应。第四，从环境规制、FDI、对外开放、市场竞争、产业结构、新型城镇化、科技创新环境等多重角度探究工业绿色技术创新效率的影响机制，对影响机理进行较为系统的梳理和实证验证。

1.4 研究方法与思路

1.4.1 研究方法

本研究主要采取理论研究与实证研究相结合、定性分析与定量分析相结合的研究方法。理论研究是将技术创新理论、效率理论、绿色创新理论以及可持续发展理论与长江经济带工业绿色技术创新效率提升相结合，使其研究内容具有科学性和针对性。建立工业绿色技术创新效率评价体系、空间集聚特征探究、影响因素及机制研究属于实证分析。具体包括如下方法：

文献研究法：收集有关长江经济带工业绿色技术创新的文献资料，包括已发表的相关期刊论文、政府相关政策性文件、相关研究报告或资料以及各类统计年鉴等等，以获取工业绿色技术创新效率研究的信息和数据。

数据包络分析法：纳入非期望产出，确定投入产出评价指标，建立 SBM 模型，运用 MaxDEA Pro 8.0 软件对工业绿色技术创新效率进行测量。

对比研究法：在对长江经济带工业绿色技术创新效率进行总体性评价基础上，对上中下游、11 省市的异质性特征进行分析，探究其可能的影响因素。

计量分析方法。运用全局莫兰指数对 2014—2018 年逐年的工业绿色技术创新效率进行空间集聚特征探究；将空间误差模型（SEM）、空间滞后模型（SLM）、空间杜宾模型（SDM）进行横向对比，以选择最佳空间计量模型进行影响因素分析；采用计量分析方法对影响机制进行定量研究，包括对直接效应、调节效应、中介效应、有调节的中介效应、门槛回归模型、耦合协调模型、稳健性、内生性等进行检验。

1.4.2 研究思路

本研究是从长江经济带工业绿色技术创新现状展开分析，并厘清其现存问题。在此基础上，对长江经济带工业绿色技术创新效率进行分析计量，并对工业绿色技术创新效率的空间集聚特征进行探究，采用空间计量模型对影响效率的因素进行甄别。随后，实证分析长江经济带工业绿色技术创新效率的影响机制，最后针对前述研究结论和观点，提出促进长江经济带工业绿色技术创新水平和效率的对策建议。具体思路如下：

第 1 章是绪论部分，主要介绍本研究的研究背景、研究目的及意义、文献回顾，并对研究的方法和思路、技术路线图进行简要阐述。

第 2 章是相关概念及基础理论部分，这一部分首先论述与本研究主题相关的核心概念，例如技术创新、绿色技术创新、绿色技术创新效率、工业绿色技术创新效率等；其次，阐述工业绿色技术创新效率评价与提升所依据的理论，主要包括绿色创新理论、技术创新理论、效率理论以及与地区和产业发展有关的可持续发展理论，这些理论是研究长江经济带工业绿色技术创新效率的基础和前提。

第 3 章主要介绍了长江经济带工业绿色技术创新的发展现状，首先根据所收集的诸多文献材料与数据，分析长江经济带发展战略的形成与实施，以及长江经济带工业绿色技术创新发展的基本情况，主要包括绿色技术创新的基础条件、投入、期望产出、非期望产出等状况，随后分别对长江经济带 11 省市绿色技术创新的发展基础、政策举措、发展成效进行梳理。

第 4 章主要是评价了长江经济带工业绿色技术创新效率。构建 SBM 数据分析模型，分别选取投入指标、期望产出与非期望产出指标。通过数据分析工具

MaxDEA Pro 评价工业绿色技术创新效率。其次，通过全局 Malmquist 指数模型，计算长江经济带工业绿色全要素生产率（MI 指数），并进一步将其分解为效率变化（EC 指数）和技术变化（TC 指数），以明晰效率的动态演化趋势及内部影响因素。

第 5 章分析长江经济带工业绿色技术创新效率的空间集聚特征及影响因素。首先，运用全局莫兰指数模型，借助 Stata 软件对 2014—2018 年工业绿色技术创新效率的空间集聚特征进行判别；其次，运用 SPSS 软件对已确定的影响因素进行共线性检验，确定最终的解释变量；最后，进行空间计量模型的对比选择，确定最优模型，对影响效率的因素进行甄别，并对各因素的影响程度进行实证分析和结论解析。

第 6 章为第一个影响机制，主要分析环境规制、外商直接投资对工业绿色技术创新效率的影响，将外商直接投资同时作为中介变量和门槛变量，探究外商直接投资在环境规制与效率间的中介效应，并分析基于外商直接投资门槛环境规制对工业绿色技术创新效率的非线性影响。

第 7 章为第二个影响机制，主要研究市场竞争在对外开放与工业绿色技术创新效率间的传导机制，并探讨由政府主导的科技创新环境在其中的调节效应，由此构建一个有调节的中介机制模型。运用层次回归方法，对调节中介机制进行逐一检验，并采用多种稳健性检验方法对实证结论进行验证。

第 8 章为第三个影响机制，首先根据权威文献分别构建新型城镇化和产业结构的评价指标体系，利用熵权法计算出二者的评价得分，在此基础上运用耦合协调模型对长江经济带新型城镇化与产业结构的耦合协调水平进行测度，分析耦合程度及其年度变化特征。而后运用空间计量工具分析新型城镇化和产业结构的耦合对工业绿色技术创新效率的影响。

第 9 章提出了推进长江经济带工业绿色技术创新效率提升的建议和对策。主要根据第 3 章中的现状分析、第 4 章中的效率对比、第 5 章的影响因素分析以及第 6、7、8 章影响机制分析的结论和观点提出针对性的对策建议。

1.5　研究重难点及创新

1.5.1　研究重难点

本项目研究内容、范围较广，涉及现状把握、效率评价、因素甄别、影响机制及对策建议；研究对象较多、层次丰富，涉及长江经济带 11 省市，并从整体、上中下游进行区域对比；研究方法较多样，相继使用了 SBM 模型、Malmquist 指数模型、全局莫兰指数、杜宾空间计量模型、耦合模型、调节中介机制检验等。主要存在以下重难点：

其一，区域工业绿色技术创新效率问题是本研究的重点，因此对工业绿色技术创新效率的相关概念和内涵的准确界定极为重要，核心概念的准确界定能够为后续评价指标的构建及影响因素变量的选取提供有力的理论支撑。

其二，效率评价指标和变量测量指标的选取。指标差异势必产生不同的评价和实证结果，本研究评价指标体系建立的目的是综合评价长江经济带 11 省市工业绿色技术创新效率，测量指标体系的目的是为了准确测量理论模型中的相关变量。因此，在指标选取上坚持：一是科学性，指标的确定必须有坚实的理论基础，且符合长江经济带区域经济发展的具体状况；二是指标数据的可获得性。

其三，在考察影响因素时，需将区域经济发展的空间因素考虑在内。运用空间计量分析工具对长江经济带工业绿色技术创新效率的空间集聚特征进行分析；在影响因素分析上，重点阐释选取影响因素变量的合理性和空间集聚效应的影响。

其四，科学揭示长江经济带工业绿色技术创新效率影响机制是本研究的重点，需全面准确把握各影响因素与因变量之间、各因素之间内在影响机理，梳理其内在理论逻辑和关联，并对理论逻辑和关联进行实证检验。

1.5.2 创新之处

其一，研究视域的创新。通过文献梳理与回顾，大多数文献集中于我国省域、城市群或某一行业（产业），有关特定区域的研究相对较少，特别是有关长江经济带工业绿色技术创新的研究相对缺乏；同时，大多文献集中于研究"绿色创新效率"或者"绿色发展水平"，对"绿色技术创新效率"，特别是"工业绿色技术创新效率"的探究较少，研究视域有一定创新。

其二，研究方法的创新。在效率评价上，已有研究大多基于传统 DEA 模型，未充分考虑环境属性带来的"松弛问题"，本研究采用改进后的 SBM 模型，可以充分考虑投入产出指标的松弛问题；在影响因素分析上，多采用 Tobit 模型，未将区域经济发展的空间因素考虑在内，本研究采用空间计量分析工具探究影响因素，具有更优适配性。

其三，研究内容的创新。在科学评价长江经济带工业绿色技术创新效率，探明其影响因素基础上，深度挖掘环境规制与创新效率、对外开放与创新效率、新型城镇化同产业结构耦合与创新效率间的作用机制，科学揭示了长江经济带工业绿色技术创新效率的影响机制。

1.6 技术路线

根据上述阐释，本书的具体技术路线图如图1-1所示。

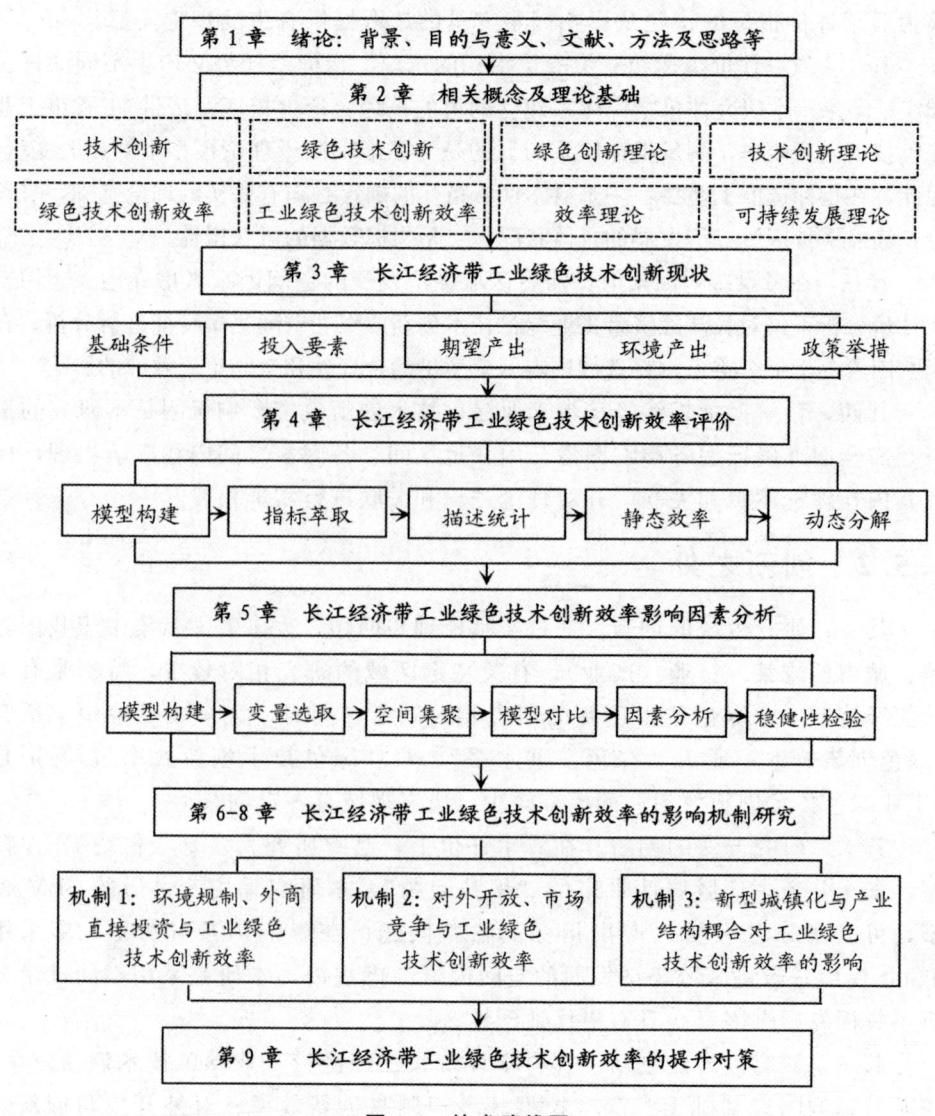

```
第1章  绪论：背景、目的与意义、文献、方法及思路等
          ↓
第2章  相关概念及理论基础
  ┌─────────┬──────────────┬──────────┬──────────┐
  │技术创新 │绿色技术创新  │绿色创新理论│技术创新理论│
  ├─────────┼──────────────┼──────────┼──────────┤
  │绿色技术 │工业绿色技术  │效率理论  │可持续发展 │
  │创新效率 │创新效率      │          │理论      │
  └─────────┴──────────────┴──────────┴──────────┘
          ↓
第3章  长江经济带工业绿色技术创新现状
  ┌──────┬──────┬──────┬──────┬──────┐
  │基础条件│投入要素│期望产出│环境产出│政策举措│
  └──────┴──────┴──────┴──────┴──────┘
          ↓
第4章  长江经济带工业绿色技术创新效率评价
  ┌──────┬──────┬──────┬──────┬──────┐
  │模型构建│指标萃取│描述统计│静态效率│动态分解│
  └──────┴──────┴──────┴──────┴──────┘
          ↓
第5章  长江经济带工业绿色技术创新效率影响因素分析
  ┌──────┬──────┬──────┬──────┬──────┬──────┐
  │模型构建│变量选取│空间集聚│模型对比│因素分析│稳健性检验│
  └──────┴──────┴──────┴──────┴──────┴──────┘
          ↓
第6-8章  长江经济带工业绿色技术创新效率的影响机制研究
  ┌──────────────┬──────────────┬──────────────┐
  │机制1：环境规制、│机制2：对外开放、│机制3：新型城镇化│
  │外商直接投资与  │市场竞争与工业  │与产业结构耦合对│
  │工业绿色技术创新│绿色技术创新效率│工业绿色技术创新│
  │效率            │                │效率的影响      │
  └──────────────┴──────────────┴──────────────┘
          ↓
第9章  长江经济带工业绿色技术创新效率的提升对策
```

图1-1 技术路线图

第 2 章 相关概念与理论基础

2.1 相关概念

2.1.1 技术创新

西方经济学中的创新理论最早由美籍奥地利经济学家约瑟夫·熊彼特(Joseph Schumpter)提出。1912 年,熊彼特在其代表作《经济发展理论》一书中,着重对以技术创新为核心的创新理论进行了阐释。之后,又相继出版了《经济周期》和《资本主义、社会主义和民主主义》,在这两本书中创新理论得以延展和发挥,从此以创新为核心的特有理论体系逐渐形成。然而,当时社会"凯恩斯革命"浪潮极为盛行,一定程度上埋没了熊彼特的创新理论。直到第二次世界大战后,随着科学技术的进步与发展,民众逐渐认识到社会发展与经济发展对技术创新的依赖性,因此人们开始关注"技术创新"的思想和理论。《经济发展理论》书中首次阐释了"创新"一词的概念,熊彼特认为"创新"即建立新的生产函数,将新的生产要素和生产条件的"新组合"纳入生产体系。主要包括以下五个方面的具体内容:其一,引进新产品;其二,采用新技术;其三,开辟新市场;其四,控制原材料新的供应来源;其五,形成新的组织形式,或打破原有垄断的组织形式。与之相对应,可将其划分为五类创新模式,即产品创新、技术创新、市场创新、资源配置方式创新、组织模式创新。其中"组织模式创新"在一定程度上也可看作是制度创新,是初期狭义制度创新的原本含义。

此外,关于创新和发明,熊彼特也进行了严格区分。熊彼特认为,发明是指新技术的产生,而创新则是指将新技术进行实践应用,最终转化为商业成果的发明。随之众多学者对熊彼特的创新概念进行研究和界定,提出了"技术创新"的概念。例如,1998 年,傅家骥在《技术创新学》一书中,阐述了技术创新的概念:技术创新的目标在于获取更多的商业利益,主体为企业家,是企业家抓住市场潜在获利机遇，以重组生产要素和生产条件为主要方式，推动建立效率较高、效能更优、费用较低的新生产方法及产品的过程，这一过程包括了组织、科技、文化、商业和金融等一系列活动。1999年，《中共中央国务院关于加强技术创新，发展高科技，实现产业化的决定》中明确指出：技术创新要以提高产品质量、开发新产品并提供新服务为最终目标，其核心内容为企业对新知识、新生产手段及方式、新技术及管理方式等的实践运用，以占据市场并实现其市场价值。企业是技术创新主体。国家发展高科技、实现现代化发展需要技术创新作为重要支撑。

经过一个多世纪的发展和演进，学界对技术创新的研究已十分丰富，学者们逐步形成了一系列系统的理论。世界经合组织（OECD）认为"技术创新是指新产品的产生和其在市场上的商业化以及新工艺的产生和其在生产过程中应用的过程；或是一种新的社会服务方式的转变过程"。吴贵等人认为可以赋予技术创新比较简练和相对通俗的定义，即技术创新是一种商业化的活动，将新的技术构想通过研究开发或组合，使其得到实际应用从而产生经济效益和社会效益。本研究对技术创新的界定是在生产活动中，企业创造性地运用自身的知识、经验和技能，并取得显著的经济效益或具有潜在的长远的经济效益，通常表现在产品创新、过程工艺创新、市场创新和制度创新等方面。

2.1.2 绿色技术创新

提出绿色技术创新概念的初衷是出于环境保护，体现了人们对环境友好型、资源节约型社会的一种期许。目前，对于绿色技术创新的基本含义，学界尚未形成统一的观点。其中，部分学者透过创新的主要特征来对绿色技术创新的定义进行研究和探索。例如，2003年，赵细康在认识绿色技术的基础上，认为绿色技术创新类似于生态技术创新，属于技术创新的其中一部分，其目标是环境保护，以技术创新及管理创新为核心内容。许庆瑞和王毅（1999）从产品的生命周期视角，认为绿色技术创新是指绿色技术从创新思想形成到相关绿色产品推向市场的全过程，此种创新的目的在于降低产品生命周期所消耗的成本。

2002年，安徽省黄山市召开的"全国绿色技术创新与社会经济发展研讨会"上指出：绿色技术创新需符合可持续发展的要求，需建立在绿色技术的发明基础上，其最终目的应包含经济、社会两方面的内容。其一，达到改善生态环境、提升人类健康生活质量和标准的社会效益；其二，可获得潜在的经济利润，获得经济效益。因此，绿色技术创新不仅包含着绿色技术成果转化的经济活动，也包含着使绿色技术成果逐渐公益化的社会活动。绿色技术创新作为绿色创新的核心组成部分，包含绿色材料、绿色工艺、绿色产品设计、绿色设备等技术的创新。此外，欧盟委员会也对绿色技术创新进行了定义，其认为绿色技术创新应遵循经济规律和生态原理，以节约能源和资源、减缓生态环境污染程度为发展目的，最终达到生态正效应最大的工艺、技术和产品的总称。

结合已有学者的广泛讨论，本研究认为绿色技术创新是一种新型技术创新，其符合时代发展要求，与传统生态学、环境学联系紧密，在技术创新过程中兼顾经济、社会及环境保护三者，能够科学引导技术创新走向可持续发展的道路，其目的在于获得经济效益、社会效益、生态效益三者的最优化成果。综上所述，本研究所指的绿色技术创新与传统技术创新的主要差异在于考虑了社会效益和环境产出因素。总而言之，在技术创新过程中，环境污染程度与技术创新的绿色化程度成反比，即绿色技术创新水平越高，污染程度越低。

2.1.3 绿色技术创新效率

效率一词在经济学中是指整体资源投入与产出间的比率，其目的在于有效、合理配置现有的资源。同理，绿色技术创新效率则是指在绿色技术创新过程中，纳入环境产出对技术创新质量的影响后，各投入、产出要素之间的效用比率，反映了在绿色技术创新过程中投入要素的利用水平、产出要素的合理化程度。

然而，现实中绿色技术创新的投入和产出涉及多个变量，且变量的衡量标准及量纲不一，因此测量出绿色技术创新的绝对效率十分困难，本研究测度的绿色技术创新效率是指某一个决策单元相对于其他单元的相对效率。在传统的数据包络模型设定上，绿色技术创新活动过程中，可通过模型测算出投入产出构成的有效生产前沿面，此时相对于其他决策单元（DMU），该 DMU 的绿色技术创新效率值等于1。同理，若 DMU 的绿色技术创新效率值远小于1，这表明该决策单元绿色技术创新效率离生产前沿面较远，绿色技术创新效率相对较低。同样，DMU 效率值接近于1，说明离有效的生产前沿面较接近，此时效率水平相对较高。然而，数据包络模型在发展过程中，也经历了数次更新和变换，有效值也逐渐突破了1的界限，可以对所有 DMU 的效率水平进行有效排序。

2.1.4 工业绿色技术创新效率

工业主要是指原料采集与产品加工制造的产业，是社会分工发展的产物，主要经过手工业、机器工业、现代工业几个发展阶段。工业作为第二产业的组成部分，其主要类别有轻工业和重工业两大类。工业拥有现代化生产劳动手段，它决定着国民经济现代化发展的速度、规模和水平，在当代世界各国国民经济中起着主导作用。工业还为自身和国民经济其他各个部门提供原材料、燃料和动力，为人民物质文化生活提供工业消费品；它还是国家财政收入的主要源泉，是国家经济自主、政治独立、国防现代化的根本保证。由此可见，工业在国民经济发展中的地位不容忽视。需要说明的是，由于各类统计年鉴中大多收录的是规模以上工业的各项数据，因此本研究采用的数据均为规模以上工业的数据。具体而言，规模以上工业的界定在我国产生了两次变化：1998年至2006年，规模以上工业是指全部国有及年主营业务收入达到500万元及以上的非国有工业法人企业；从2007年开始，按照国家统计局的规定，这一界定又发生了新的变化，年主营业务收入不足500万元的国有工业法人企业不再作为规模以上工业统计范围，即规模以上工业的统计范围为年主营业务收入达到500万元及以上的工业法人企业；从2011年1月起，纳入规模以上工业统计范围的工业企业起点标准从年主营业务收入500万元提高到2 000万元。

然而，随着我国工业化的逐渐推进，工业污染日益严重，在工业生产中形成的废气、废水、固体废弃物总量处于上升态势，对农业的生态平衡、工业自身的可持续发展、人类生存状态等均造成了较大危害，探索出一条绿色工业化发展道路显得极为重要。根据上文绿色技术及绿色技术创新的定义，本研究认为工业绿色技术创新为：兼顾经济效益和环境效益，不以环境作为工业发展的代价，在工业生产和生活中最大程度减少工业污染物的产生及排放，提高企业资源利用的效率并降低生产成本，增加工业企业绿色含量的系列创新活动。相应地，工业绿色技术创新效率则是在工业绿色技术创新过程中，各类工业绿色技术创新发展所需的投入要素与最终所获的产出要素间的比率，该比值越高，代表工业绿色技术创新效率越高，工业绿色技术创新水平越高。

2.2　理论基础

2.2.1　技术创新理论

通过文献梳理发现，在不断发展过程中，技术创新理论已形成四个较有代表性的理论学派：其一，新古典学派，以罗伯特·索洛（Robert Solow）和保罗·罗默（Paul Romer）等人为代表；其二，新熊彼特学派，以曼斯菲尔德（Mansfield）和卡曼（Kamien）等人为代表；其三，制度创新学派，以道格拉斯·诺斯（Douglas North）、兰斯·戴维斯（Lance Davids）等人为代表；其四，国家创新系统学派，以理查德·纳尔逊（Richard Nelson）、克里斯托夫·弗里曼（Christophe Freeman）等人为代表。

1. 新古典学派

以罗伯特·索洛（Robert Solow）、保罗·罗默（Paul Romer）等人为代表的新古典技术创新学派具有广泛影响。索洛通过新古典生产函数原理，表明资本与劳动的增长率、产出弹性及随时间变化的技术创新决定了经济增长率，他认为技术水平提高和要素数量增长是经济增长的主要来源。同时，由他建立的技术进步索洛模型，专门用于评价技术进步对经济增长的贡献率，他将技术创新作为经济增长的内生变量，并将技术创新作为经济增长的基本因素。

在《收益增长和长期增长》著作中，罗默创造性地构建了一个收益递增的增长模型，这打破了传统的原有认知——收益递减，他将技术进步作为经济的内生变量，将知识积累视为经济增长的源泉所在。在索洛和罗默的研究推动下，内生经济增长理论、新古典经济增长理论等著名理论学派逐渐形成，其形成的重要推动力就在于技术进步观念的引入。

具体而言，在《在资本化过程中的创新：对熊彼特理论的述评》论文中，索洛首次提出新思想的来源与后阶段的发展是创新成立的两个基本条件，这一重要的研究观点成了技术创新概念界定研究上的一个关键部分。此外，政府对于技术创新的干预作用也是新古典学派的研究内容之一，认为技术同其他商品一样依然会存在市场失灵现象，当市场失灵导致技术供需不均或技术创新资源未能满足社会经济发展进步的需求之时，政府应主动在金融、税收、法律等方面对技术创新活动进行宏观调控，进而提升技术进步在社会经济发展中的引导作用。新古典学派认为技术创新的过程可视为一个"黑箱"，新古典学派并不关心这个黑箱的内部运作机理，而是将技术创新作为一个整体过程进行研究，这与研究"黑箱"内部运作机制的新熊彼特学派形成了鲜明对比。

2. 新熊彼特学派

新熊彼特学派技术创新理论以爱德温·曼斯菲尔德（E. Mansfield）等人为代表。新熊彼特学派坚持秉承熊彼特传统理论，突出技术进步及创新在经济增长中的关键核心作用，重点探讨市场结构与技术创新间的内在关联，该学派认为决定技术创新的三个重要因素为市场垄断强度、市场竞争程度与企业规模。三个因素与技术创新的影响方向均为正向：垄断程度越高、市场竞争越激烈、企业规模越大，技术创新的动力越强，在技术创新上开辟的市场就越大，更易于促进技术创新活力。

对技术创新而言，处于垄断和完全竞争之间的"中等程度竞争"是最佳的市场结构形态。

另外，新熊彼特学派虽是熊彼特传统理论的拓展和延伸，但区别在于：新熊彼特学派认为技术创新是一个互相作用并产生复杂影响的过程，他们的研究重点在于创新这个"黑箱"内部运作机制及机理。主要包括了创新起源、过程及方式等主要内容，该学派在分析这一过程的基础上先后提出了许多著名的技术创新模型。新熊彼特学派通过较为科学合理的研究过程，初步成功构建了技术创新的理论体系，但尚未得出更为深层次的理论成果，需要进一步的理论推演。

3. 制度创新学派

兰斯·戴维斯（Lance Davids）和道格拉斯·诺斯（Douglass North）等人是制度创新学派的代表人物，主要代表著作为二人在1971年出版的《制度变迁与美国经济增长》。该学派在熊彼特的创新理论和制度学派的制度理论上实现了较为合理的结合。具体来说，诺斯创建了包含国家理论、产权理论与意识形态理论在内的"制度变迁理论"，并于1993年获得诺贝尔经济学奖。制度创新学派认为经济增长的核心在于设定一套对个人具有激励的制度，该学派运用了古典经济学理论中的一般静态均衡和比较静态均衡两类方法。在该制度下，会形成一种使每一活动的社会收益与私人收益相等的所有权机制。同时，制度创新学派认为技术创新与制度具有交互作用，一方面，技术创新既能增加制度安排中的收益，又能降低某些制度安排的操作成本；另一方面，良好的创新制度会促进技术创新进程，与之相反，不合理的制度则会阻碍技术创新效率的提高。

4. 国家创新系统学派

理查德·纳尔逊（Richard Nelson）、克里斯托夫·弗里曼（Christophe Freeman）是国家创新系统学派的代表学者。该学派通过对日本、美国等国家及地区创新活动的实证研究为主要基础，并在此基础上进一步分析得出，认为技术创新的功劳既包含了企业家，也包括国家创新系统的推动。弗里曼在日本考察创新活动时,发现国家在技术创新活动中发挥着重要作用,由此提出了国家创新系统理论,并在《技术和经济运行:来自日本的经验》一书中对该理论做了重点阐释。纳尔逊与之不同,他以美国为研究对象,重点分析了国家在支持技术进步的制度结构的运作,并将研究成果汇集在《国家创新系统》的著作中。书中认为,现代国家的创新系统具有制度及技术行为两大重要组成要素,此外还包括各类科研机构、高等院校、政府部门中的有关机构,他们可对公共技术知识展开针对性的研究和开发,共同合力促进创新的实现。

该学派认为国家创新系统是一个综合体,既包括参与和影响创新资源配置及其使用效率的行为主体,又包括相关的关系网络和运行机制。借助这一体系,企业、其他组织等创新行为主体通过国家整体制度的安排和调整,以国家技术创新能力的发展和进步为目标,从而不断推动知识的创新、传播与运用。纳尔逊和弗里曼的相关研究培植了国家创新系统理论的扎实基础,使人们逐渐认识到国家创新体系在优化创新资源配置中扮演的重要角色。尤其是对政府而言,可以精准地制定相关计划和规定,来科学引导各类企业、科研机构、中介机构产生相互作用,并相互影响,从而提升科技创新知识的生产、传播、应用速度。

2.2.2 效率理论

在古典经济学盛行时期,亚当·斯密(Adam Smith)在《国富论》中重点阐释了分工效率理论、竞争效率理论两个经典的效率理论。他认为,财富的产生和积累需要通过两种主要途径,一是依靠合理、科学的分工协作方式,提高工人的劳动生产效率;二是依靠资本的增加,单一增加劳动力数量,延长劳动时间以获得更多的财富积累。另外,亚当·斯密还提出了"天赋自由与竞争体系"理论,可以最大化利用资源,一方面使生产效率较低的企业逐步从市场淘汰;另一方面在市场上形成"自然的价格",消费者能从中收获效益,从本质而言,这是"竞争效率"。依托亚当·斯密的研究基础,大卫·李嘉图(David Ricardo)进一步提出了比较优势理论,指出"分工"必然带来生产效率的提高与国际贸易的双赢。

新古典经济学派延续了亚当·斯密的思想,认为完全竞争市场可以使资源配置效率达到最优。并依据不同的分析方法划分为两个不同的分支:其一,建立在供求局部均衡分析基础上的配置效率理论,以马歇尔(Marshall)为代表人物。其假设市场供给函数为全部企业的供给函数的相加总和,消费者边际效用函数即需求函数,当供给与需求相等时,价格即为边际成本,以此实现资源配置的最优状态。其二，采用瓦尔拉斯总体均衡分析方法的帕累托效率理论，以帕累托（Paretol）为代表人物。其假设为有固定的一群人和可分配的资源，在分配状态发生变化时，前提在于没有使任何人境况变坏，可使得其中至少一个人变得比之前的分配状态更好。

在西方经济学发展脉络中，经济学家法雷尔（Farrell）是最早对经济效率进行系统性研究的学者。1957年，法雷尔在发表的《生产效率度量》一文中对"技术效率"进行了较有代表性的界定：技术效率是指在生产技术和市场价格不变的条件下，按照原定的要素投入配比，生产一定数量产品所花费的最小成本与实际生产成本的百分比。同时，法雷尔提出了一般意义上的经济效率，认为经济效率由技术效率和配置效率两部分组成，某一生产单位、某一行业或地区的经济效率均由两部分组成，且经济效率等于技术效率和配置效率的乘积。由此可见，技术效率是经济效率整体的一个子集，一个追求利润最大化的企业或单位若要实现经济效率的最优化，就必须在技术能力上实现科学有效。概括来说，技术效率和配置效率分别衡量了企业的产出、投入配比能力：企业是如何在既定的要素投入水平下实现产出最大化是技术效率的体现；如何在一定的价格和技术水平下使得各项要素投入比例达到合理化是配置效率的体现。

2.2.3 绿色创新理论

绿色创新的定义亦没有形成定论。环境问题及可持续发展的公共性属性、影响普遍性等特征决定了绿色创新的定义因为学科视角的不同而产生差异，绿色创新也可被称为"可持续创新""环境创新""生态创新"，上述名词实际上表现出学者们基于不同角度对相同问题做出的相关解读。具体而言，"环境创新"是出于环境经济学的研究视角，如卡默勒（Kammerer）认为无论是有意识还是无意识的，凡是注重能源消耗和环境保护的创新都属于环境创新。詹姆斯（James）认为环境创新不仅能够为企业和客户带来实用价值，更重要的是还能降低对环境的影响。奥尔特拉（Oltra）认为环境创新就是指兼顾可持续发展和改善环境质量的创新活动。而"生态创新"的提出则是出于生态学的视角。例如，弗西（Fussie）对生态创新的定义为：既能为客户带来商业价值的新产品或新流程，同时这种产品又能降低对环境的负面影响。经济合作与发展组织（OECD）认为能够使环境质量得到提升的创新就称为生态创新，它包括了各种新产品、新技术、组织机构以及制度安排等。而董颖（2011）认为有利于可持续发展的系统创新即为生态创新，例如为提高资源利用率与降低环境污染而采用新的生产技术、服务以及管理模式等。

《驱动绿色创新》最早阐述了绿色创新的概念，Beise 与 Rennings（2005）将其界定为：为降低和规避对环境的负面影响，企业在生产过程中主动选择的新的或改进的技术或产品。李海萍（2005）则认为绿色创新的目标是节能减排和提升环境质量，是企业在较长时间内持续开展的创新活动，同时能够为企业带来连续不断的经济收益。周力（2020）认为绿色创新是能够促进经济、能源、环境统一发展的新技术，其目的在于节约能源与减少环境污染物排放。综上所述，基于不同学术流派对绿色创新所作出的概念界定虽各有不同，但都强调了绿色创新的环境属性与创新属性，所表达的关键核心思想均为在可持续发展理念支持下，基于不同角度兼顾生态环境与经济社会和谐发展所开展的一系列创新活动。

2.2.4 可持续发展理论

罗马俱乐部在《增长的极限》中提出了"持久的均衡发展""持续增长"等概念，这成为可持续发展思想的最初表现。1980 年，国际自然保护同盟、联合国环境规划署联合世界野生基金会等国际组织联合发表了《世界保护策略》，首次明确提出"可持续发展"的相关表述，然而并未给出明确的概念界定。1987 年，世界环境与资源委员会主席布伦特兰（Brundtland）夫人在一份报告《我们共同的未来》中第一次明确给出可持续发展的概念。可持续发展理论在发展过程中形成了不同的理论派别，这几乎与所有经济理论的产生和发展相似，诸多流派的侧重点有所差异，其中影响力较大的理论派别有以下几种。

第一，侧重于生态方面。较早的时候，生态学家首先提出了生态持续性的理念。1991 年 11 月，国际生物科学联合会和国际生态学联合会联合举办了关于可持续发展问题的专题研讨会，在该研讨会上，众多学者通过讨论、交流，强调并延展了可持续发展概念的自然属性特征，并将可持续发展定义为：保护和加强自然环境系统的内部生产及消化能力。

第二，侧重于社会方面。联合国环境规划署、世界自然保护同盟联合世界野生生物基金会，于 1991 年共同发表了《保护地球——可持续生存战略》的研究报告，认为可持续发展是在不超过维持生态系统接纳能力的情况下，提高全人类的生活幸福指数，并进一步提出了可持续发展的九条基本原则。这些原则既强调了人类的生产生活方式需与地球生态承载力相平衡，需保护地球生态环境及生物多样性，同时还提出了与人类可持续发展价值观相契合的诸多行动方案，着重阐释了可持续发展需以人类社会为最终的落脚点，以创造美好的生活环境为目标。

第三，侧重于经济方面。1985年，爱德华·B.巴比尔（Edward B. Barbier）在《经济、自然资源：不足和发展》一文中，对可持续发展的定义是：在保持自然资源的质量及其所提供服务的前提下，使经济发展的净收益达到最大值。1989年，皮尔斯（Pearce）提出，可持续发展的主要要求为：现今资源的使用不应减少未来的实际收入。

第四，侧重于科技方面。科技进步对于社会经济发展起着不容忽视的作用，缺乏科学技术的支持，人类的可持续发展便无从谈起。由此，1989年，司伯斯从技术选择的角度出发，对可持续发展的定义进行扩展，认为可持续发展的主要内容是指由传统的生产技术转向更清洁、更有效的技术，采用新型的工艺和方法，全面减少能源及其他资源的消耗程度，从而达到降低环境污染的目标。

此外，1987年，布伦特兰夫人在世界环境与发展委员会会议上，提出了可持续发展的明确界定：既满足当代人的需要，又不损害后代人满足需要的能力的发展，这一概念得到国际的广泛认同。随后，我国政府便出台了《中国21世纪人口、资源、环境与发展白皮书》，可持续发展战略首次被纳入我国经济和社会发展的长远规划。1997年，在中共十五大会议上，我国正式纳入可持续发展战略并将其作为现代化建设中必须实施的重要战略之一。

综上所述，可持续发展主要包括生态、经济、社会三方面的可持续发展，三者不可分割、相互联系，将生态、社会、经济三者有机结合起来是可持续发展的要求。具体而言，经济可持续的主要推动力是科技进步，前提是不损害环境，实现经济增长，满足当代人的社会需求并为后代人创造发展的条件；社会可持续以"以人为本"观念为核心，发展目的在于提高人口素质、改善人口结构、实现人与社会的协调发展。社会可持续需建立在消除贫富差距的基础上，从而实现公平与可持续的统一；生态可持续是指生态环境和自然资源满足人类生存发展的可持续性，这要求人类对资源的开发利用需要在科学合理的限度之内，保持生态的可持续性。

总而言之，可持续发展是以经济、资源、社会、人口、环境为基础，互相协调发展的科学发展模式，其核心要求是在满足当代人的需求前提下不对后代人的发展构成危害。

第3章 长江经济带工业绿色技术创新现状

效率问题本质上是投入产出关系问题。为科学评价和研究长江经济带工业绿色技术创新效率，需在科学阐释长江经济带及其发展战略基础上，围绕其工业基础条件、创新要素投入、期望产出、环境产出（非期望产出）等方面全面了解长江经济带整体及11省市的基本现状，为后续效率测度、影响因素、影响机制及对策探讨等研究提供数据及事实支撑。

3.1 长江经济带及其发展战略

3.1.1 历史溯源

关于长江经济带这一表述，从历史渊源上看，雏形出自孙中山1918年发表的《实业计划》中提出的扬子江流域发展战略，孙中山认为扬子江流域自然资源丰富，人口众多，拥有良好的发展前景。因此，提出要通过对扬子江流域的工商业开发与城市建设来改善当时工业过度集中于东南沿海的畸形分布状态，促进全国经济的均衡发展，但由于政权统治时间过短加上动荡局势对经济的冲击，计划执行效果不佳，并未得到真正的落实。从学术角度看，长江经济带概念的正式出现是源于1984年我国经济地理学家陆大道、虞孝感在"点一轴系统"理论与我国国土开发与经济布局的"T"字形空间结构战略基础上提出的"长江沿岸产业带"，并随着研究的进一步深入，该表述逐步被"长江经济带"所替代。2014年9月，国务院印发《国务院关于依托黄金水道推动长江经济带发展的指导意见》，长江经济带正式上升成为国家层面的战略概念。长江经济带发展及战略的形成是一个漫长的演变过程，其发展可大致分为五个阶段：

(1) 中华人民共和国成立前的萌芽阶段。长江流域的开发利用开始进入人们的视野。长江流域是中国近现代商业、工业的发源地，流域内气候温暖适宜，土地肥沃，地形地貌复杂多样，矿产资源开发潜力大，且水资源丰富，是中华民族的母亲河之一，自古以来就是国家发展的重要区域。在中华人民共和国成立前期，长江流域就已成为了均衡全国经济发展的关键轴线，扬子江流域的开发计划也因此制定，为以后的流域开发奠定了基础。

（2）中华人民共和国成立初期的成长阶段。长江沿线工业产业在政府支持下得到初步发展。中华人民共和国成立初期，国家更加重视对长江流域的开发，"一五""二五"期间在长江中上游地区发展起武钢、重钢等一大批重工业企业，并在沿江地区配套建设了纺织、机电等工业企业。在这一阶段，长江经济带经济地位得到了进一步提升，沿江钢铁工业走廊的雏形开始显现。随后，国家推行"三线"建设工程，长江中上游的西部地区因此获得大量的技术与资金支持，如攀枝花、湘潭、十堰等沿线城市工业产业得到迅速发展，涌现出一批大型工业企业，在一定程度上缩小了长江上下游工业发展的基础性差距。

（3）改革开放后的快速发展期。上海浦东新区的开发与三峡工程的建设为沿江经济发展提供了稳定的环境与新增长点。改革开放政策施行后，经济建设成为国家工作的重心，对外开放的建设需求推动了长江下游地区的发展，工业投资的重心再次向东部转移。1984年，陆大道提出"沿江—沿海"的T字形发展战略，长江经济带凭借其巨大的发展开发潜力成为"T"字形战略的重要一级发展轴。1987年《全国国土总体规划纲要》正式将"T"字形战略列入经济空间布局战略。随着对外开放政策的不断深入，东部沿江地带成为新兴产业的重点布局区域，国家开始逐步设立沿江沿海开放城市，长江沿线省市的开发热度不断提升，长江经济带在全国经济地位不断上升，沿江"七省二市"的建设开始兴起。长江沿线以下游上海等沿海城市为出发点，坚持"引进来""走出去"相结合，成为中国重要基础工业和制造业基地，沿江产业带初具规模，上海宝钢、扬子石化等一批企业投入建设，配合"三线"建设发展基础，长江沿江工业体系进一步完善。1990年，中央决定通过开发浦东新区带动长三角地区与长江流域的经济发展，并为其外向型经济提供了诸多优惠政策，长江沿线对外贸易得到了高速发展。同时，随着三峡水利枢纽的顺利完工，长江水系开发环境更加优越，长江经济带进入了沿江开发新阶段，沿江各省逐步将发展重点向沿江地区转移，武汉、重庆、芜湖、九江等一批城市先后被设立为对外开放城市，沿江开发开放取得了新的突破。

（4）短暂"瓶颈期"。国家加大对纵向区域开发倾斜力度，长江经济带发展进入短暂"瓶颈期"。随着浦东新区开发与三峡建设等重大工程的结项，国家政策重点开始由沿海优先逐步转向西部大开发战略，对长江沿线的政策支持相对减弱，该阶段长江经济带建设发展速度放缓，政策支持不再是以技术与资金支持为主，而是由部门或专题规划所替代。如2005年交通运输部牵头沪、苏、皖、赣、鄂、湘、渝、川、滇7省2市在北京签订了《长江经济带合作协议》，确定以上海和重庆为核心推动长江经济带首尾联动的发展战略；2010年国务院颁布实施《全国主体功能区规划》，明确长江沿江通道是我国国土开发一级轴线；2012年由长江水利委员会牵头编制了《长江流域综合规划（2012—2030）》。但这些规划政策由于多部门间缺乏有效的协调配合，成效并不明显。在此期间，长江经济带虽然在经济发展领域增速放缓，其沿线基础设施建设却得到了发展，2011年，长江干流建成20余条跨江通道，拥有了389个万吨级以上泊位，将泰州、镇江、南京在内的11个长江港口打造成为亿吨大港，干支流航运量得到显著提升，促进了长江沿岸经济的发展，为国家推动长江经济带发展战略奠定了坚实基础。

（5）长江经济带发展上升为国家战略的新阶段。2013年至今，习近平总书记召开了三次关于长江经济带发展的重要座谈会，国家陆续出台了一系列政策文件，长江经济带发展战略地位得到空前提升，发展环境极大改善。党中央、国务院多次强调要把长江流域打造成黄金水道，并以此为依托建设长江经济带，指出长江通道是我国国土空间开发最重要的东西轴线，在区域发展总体格局中具有重要战略地位。2014年9月，国务院发布《国务院关于依托黄金水道推动长江经济带发展的指导意见》和《长江经济带综合立体交通走廊规划（2014—2020年）》，正式将长江经济带发展上升为国家战略。2016年1月，习近平总书记在重庆主持召开推动长江经济带发展座谈会，提出"生态优先、绿色发展"的战略定位和"共抓大保护、不搞大开发"的战略导向，绘就了推动长江经济带发展的宏伟蓝图。2016年3月，中共中央政治局召开会议审议通过《长江经济带发展规划纲要》，发改委、科技部和工信部联合发布了《长江经济带创新驱动产业转型升级方案》。2018年4月，习近平总书记在武汉主持召开深入推动长江经济带发展座谈会，详细阐述了推动长江经济带发展关键是要正确把握"整体推进和重点突破、生态环境保护和经济发展、总体谋划和久久为功、破除旧动能和培育新动能、自身发展和协同发展"五大关系。2020年11月，习近平总书记在南京主持召开全面推动长江经济带发展座谈会，赋予了长江经济带生态优先绿色发展主战场、畅通国内国际双循环主动脉、引领经济高质量发展主力军的新战略使命，指出长江经济带要践行新发展理念，构建新发展格局，推动高质量发展。

经过100多年的发展，长江经济带沿江工业产业、城市建设、交通等基础设施建设水平得到了大幅提升，区域经济社会发生了深刻变革，长江经济带已发展成为世界规模最大的内河产业带。长江经济带在政策的支持下进入快速发展期，工业产业发展规模持续扩大，工业产品的国际竞争力正显著提升。如今，长江经济带已在货物运输量、港口吞吐量、工业产值以及人口数量等各个指标上超过莱茵河等世界其他流域经济带，成为世界上最繁忙的内河航道和产业集聚规模最大的产业带。但与此同时，经济的高速发展也造成了自然资源与环境的过度消耗，自然短缺与环境污染成为现阶段长江经济带高质量发展的制约因素。因此，在新的历史时期，长江经济带发展坚持"生态优先、绿色发展""共抓大保护、不搞大开发"是其实现可持续发展的根本遵循和行动指南。

3.1.2 区域概况

长江经济带位于我国中心地带，横贯东西，拥有广阔的腹地与丰富的自然资源，交通条件优越，人口和生产总值均超过全国的40%，是我国人口最多、产业规模最大、经济实力最强、城市体系最完整、辐射区域最广的流域经济带。区域内囊括了长三角、长江中游、成渝、黔中、滇中五大城市群，范围覆盖上海、江苏、浙江、安徽、江西、湖北、湖南、重庆、四川、云南、贵州11个省市，总面积约为205.23万km^2，占全国的21.4%。长江流域发展历史悠久，文化底蕴浓厚，是中华民族重要的文化发源地之一，教育发展程度高，拥有先进的管理经验与技术的人力资源优势明显，产业基础扎实深厚，在农业、工业、高新技术产业领域均较发达，沿江11省市的粮棉油产量占全国40%以上，同时也是我国最重要的工业走廊之一，区域内工业企业集聚程度相对较高，既有高污染、高消耗的传统工业企业，也有高新技术企业，具体产业涉及钢铁、汽车、电子、石化、信息技术等现代工业重点领域。

1. 社会经济状况

（1）人口与区域面积。长江经济带幅员辽阔，人口稠密。2019年末长江经济带人口达6.021亿人，占全国比重42.9%。地区分布按上中下游划分，下游地区包括上海、江苏、浙江3省市，面积约21.07万km^2，占长江经济带的10.27%，人口约1.63亿人，占长江经济带的27.15%；中游地区包括安徽、江西、湖北、湖南4省面积约70.42万km^2，占长江经济带的34.31%，人口约2.39亿人，占长江经济带的39.66%；上游地区包括重庆、四川、贵州、云南4省市，面积约113.74万km^2，占长江经济带的55.4%，人口约1.99亿人，占长江经济带的33.2%。从省际角度分析，在人口总量上，江苏、四川为区域内人口大省，人口超过8000万；在人口增长速度上，浙江、安徽两省增速较快，全省人口整体呈稳定增长态势。

（2）经济发展。近年来，长江经济带经济发展速度稳中有进，发展质量持续改善，对我国经济的支撑作用日益凸显。2019年，长江经济带11省市地区生产总值合计45.78万亿元，占全国经济总量的46.2%，占比较2018年提升2.1个百分点，较2017年提升2.4个百分点。分区域看，下游地区生产总值约20.02万亿元，占长江经济带的43.7%；中游地区约14.75万亿元，占32.2%；上游地区约11.02万亿元，占24.1%。从省际角度看，如图3-1所示，2019年长江经济带各省市经济发展良好，其中，江苏（99 631.5亿元）、浙江（62 352.3亿元）、四川（46 615.8亿元）和湖北（45 828.3亿元）地区GDP超过4万亿元，其余地区GDP均过万亿元；GDP平均增速为7.2%，高出全国平均水平1.1个百分点，其中，仅上海（6.0%）GDP增速低于全国平均水平（6.1%）。总体而言，从地区规模上看，长江经济带下游地区经济体量明显领先于上中游地区；从经济发展的增长速度上看，长江经济带各省市除上海外增速均高于全国平均水平。

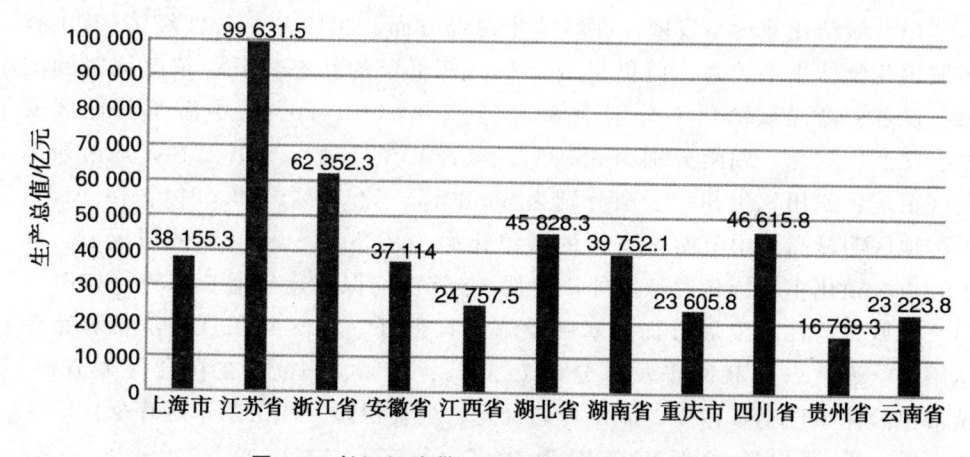

图3-1 长江经济带11省市2019年GDP对比

（3）人民生活水平。人均可支配收入是衡量居民生活品质的重要标准，从总量上看，2019年长江经济带城镇居民可支配收入平均为43 737.9元，较全国平均水平高出1 378.9元。尤其以下游地区为甚，长江经济带下游地区3省城镇居民可支配收入高达55 598.3元，远高于全国平均水平（42 359元），为全国之最。中上游地区可支配收入相对持平但收入水平偏低，中游地区为37 996.3元，上游地区为36 183.8元（如图3-2）；从增速方面看，可支配收入平均增速为8.6%，较全国平均水平高了0.7个百分点。

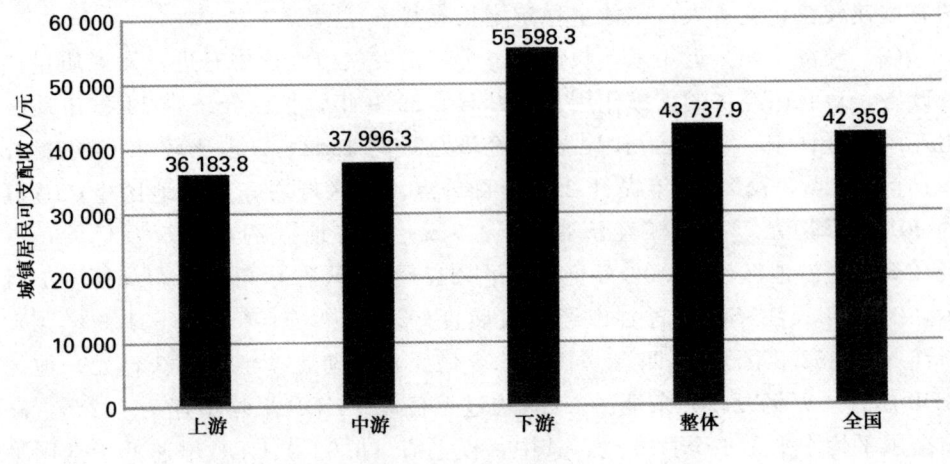

图 3-2　2019 年城镇居民可支配收入对比

2. 区域发展基础与潜力

（1）城镇化建设与发展。在城镇化建设方面，2019 年，长江经济带 11 省市城镇化整体水平较高，但仍呈现"东高西低"的状态。下游东部地区的上海、江苏、浙江城镇化率分别为 88.3%、70.61%、70%，中游中部地区安徽、江西、湖北、湖南分别为 55.81%、57.42%、61%、57.22%，上游西部地区重庆、四川、贵州、云南分别为 66.80%、53.79%、49.02%、48.91%，下游地区明显高于中上游 8 省市的城镇化率，从 2014—2019 年的情况看，除上海市城镇化率保持相对稳定外，其他 10 省市均保持逐年增长态势（如图 3-3）。在城镇与社会发展方面，基础设施建设良好，2018 年长江经济带城市整体用水、燃气、互联网普及率分别为 98%、94%、54%；在社会保障方面，城市保险体系已初步建立，城镇养老保险、失业保险、职工基本医疗保险、工伤保险、生育保险参保率分别为 34.56%、22.45%、36.86%、28.98%、23.21%，整体失业率为 2.92%，低于全国平均水平；在生态环境建设方面，基本达到绿色城镇建设要求，城市绿化覆盖率为 41.17%。总体上看，长江经济带城镇基础设施建设水平较高，拥有良好的发展基础。

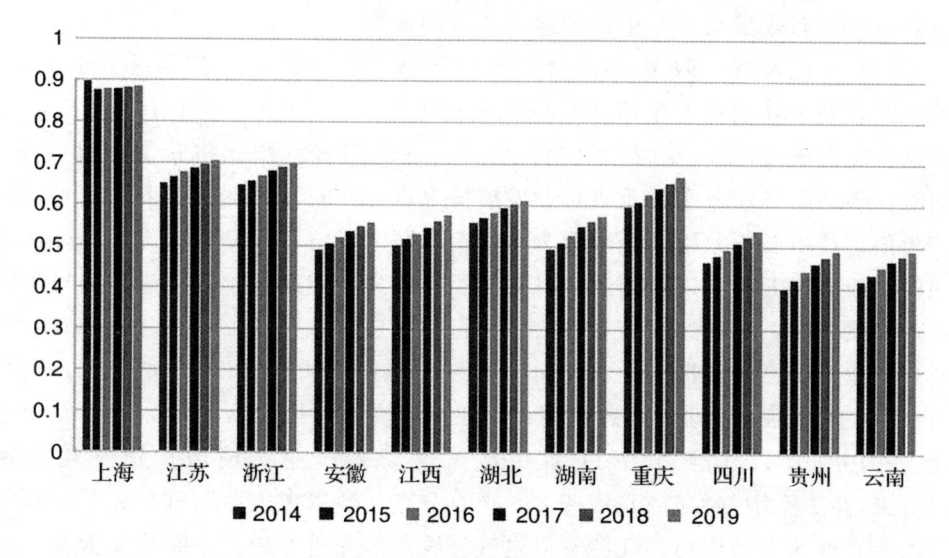

第3章　长江经济带工业绿色技术创新现状

图3-3　长江经济带各省市城镇化率

（2）交通基础设施建设。长江自西向东横跨我国的中心地带，流域辐射范围广，交通便利，四通八达，类型丰富。陆运方面，区域内铁路公路交通资源充足。2020年底长江经济带高速公路建设总里程超过6万km，二级及以上国道总里程将达到7万km，同时沪蓉、沪渝、沪昆、杭瑞等高速公路全线贯通，公路交通网基本建成；铁路运输与京沪、京九、京广、皖赣、焦柳等各个重要交通干线存在交汇点，发挥着承东启西的重要作用；空运方面，除上海、南京、武汉、成都、重庆等大城市机场正常运营外，江西上饶、湖北十堰、云南沧源等新机场也将陆续通航，未来航空运输承载量进一步增大；水运方面，依托长江黄金水道优势，先后建成三峡大坝、南京以下12.5m深水航道、中游荆江航道生态环保示范工程等重大项目，截至2020年底，长江经济带高等级航道将达1万km，占到全国高等级航道的半成以上，通航能力显著提升，现代化立体交通走廊已初步形成。

（3）城市数量与分布。根据曾刚等（2020）研究，长江经济带有110个地级及以上城市，其中上海为龙头城市，南京、杭州、武汉、成都等12个城市为区域高级中心城市，温州、镇江等33个城市为区域一般中心城市，九江、抚州等22个城市为区域重要城市，永州、鄂州等25个城市为地方重要城市，亳州、随州等17个城市为地方一般城市。据2021年中国城市百强榜排名，长江经济带沿线11省市共有44个城市上榜，占据百强榜的"半壁江山"。长江下游的长三角城市群、中游的武汉城市群、上游的成渝城市群呈现全流域蓬勃发展态势，有效带动了东中西部地区的协同发展。

（4）产业发展。截至 2019 年，长江经济带产业结构得到了进一步优化，除江西省外，其他各省市第三产业的占比均在 50% 以上，其中上海第三产业占比首次突破 70%，安徽、湖北、贵州、云南四省三产比重首次超过 50%。同时，各地第三产业中的重点行业发展情况也存在差异，例如：上海主要以软件与信息技术服务业以及金融业为主；贵州数字经济产业发展迅速，增速全国领先；云南、四川则以交通运输与旅游服务业为主。此外，在工业经济与新兴产业发展方面，长江经济带各省市工业行业涉及领域丰富，体量巨大，战略性新兴产业布局已初步形成。2019 年，全域总工业增加值达 317 109 亿元，同比增长 5.7%。工业增速快，产值高；工业行业涉及领域丰富，新兴产业发展迅速。2019 年，长江经济带 11 省市战略性新兴产业实现增加值平均增速 11.2%，高于全国（8.4%）增速 2.8 个百分点。各省市因地制宜形成了各具特色的新兴产业发展格局，江苏省以电气、医药等先进专用设备制造业为主；浙江省以电子产业、3D 打印设备、城轨、太阳能电池先进工业产品制造为主；安徽省以化工产品制造、汽车、通用设备制造为主；四川省以石油天然气开采、铁路、航空航天设备制造为主；贵州省以金属冶炼加工、煤炭开采与洗选等自然资源加工业为主。区域内工业行业发展涉及各个领域，基本形成了一套完整产业生态链。

（5）高素质人才资源。长江经济带高质量发展需要依托高素质人才资源，掌握核心尖端技术，发挥智力密集优势，通过技术与发展方式的革新淘汰落后产能，推动结构性改革，增强产业竞争力。长江经济带拥有全国 43% 的普通高等院校，研发经费支出占全国的 46.7%，有效发明专利数占全国 40% 以上。长江沿线集聚了 2 个综合性国家科学中心、9 个国家级自主创新示范区、90 个国家级高新区、161 个国家重点实验室、667 个企业技术中心，占据了全国的"半壁江山"，科教资源富集，科技实力雄厚，能为区域发展提供持续的智力和人才支持。

3.1.3　战略形成

1. 发展背景

21 世纪以来，中国发展进入新常态，经济增长由高速增长阶段转入高质量发展阶段。面对日益复杂的国际局势，中国需要继续扩大内需，拉动经济增长，增强抵御外部性经济风险的能力，而长江经济带雄踞全国五分之一国土面积，作为我国重要的经济走廊、人口与经济总量均占到全国半壁江山的一级轴线区域，其经济社会发展情况一直以来都与全国保持相对同步，是中国经济社会发展的一个"缩影"，在中国西部大开发、中部崛起和东部率先发展战略中均具有重要的支撑作用，同时也是统筹区域经济协调发展的重要纽带。长江经济带在发展过程中面临的发展问题同时也是中国面临的发展问题，因此，解决好长江经济带经济发展问题，是推动中国未来经济发展的关键。

2. 发展目标

推动长江经济带发展是党中央作出的重大决策，是事关国家发展全局的重大战略，党的十九届五中全会为中国未来的发展勾画了新蓝图，也为长江经济带发展提出了新的要求。在新的历史时期，长江经济带发展要深入贯彻落实习近平总书记2020年11月14日在全面推动长江经济带发展座谈会上的重要讲话精神，坚定不移落实新发展理念、构建新发展格局，推动高质量发展。具体目标有如下几个方面：

(1) 在生态建设方面，成为生态优先绿色发展主战场。要坚持把修复长江生态环境摆在压倒性位置，扎实推进生态优先、绿色发展，开展源头治理与精准防控；兼顾生态环境的系统性与一江两岸的整体性，立足当前实际情况作出长期的治理方案；切实通过系统治理与协同治理，常治长效，确保绿色生态整治，成果彻底，长效显著。此外，要跳出"环境库兹涅茨发展陷阱"，调整经济发展方式与经济结构，在推进生态环境修复的同时提升区域空间价值，用绿色发展引领经济高质量发展，让生态环境成为改善民生的重要部分。

(2) 在对外开放方面，成为畅通国内国际双循环主动脉。长江经济带作为中国的"黄金水道"，航运优势明显，依靠上海、舟山两大世界级港口，具备优越的对外港口货物吞吐与转运能力，同时长江沿岸14个亿吨级干线大港又能够有效串联起沿江各省市的物流、人流、资金流等诸多要素，实现高效的经济要素内外流动。"十四五"时期，长江经济带一方面需要通过促进上下游的协调联动，引导上中下游各区域间在资金、技术、资源方面形成优势互补，进行良性的产业转移与承接，进一步畅通国内大循环；另一方面，要打造高质量的双循环开放平台，把握国家扩大对外开放的有利形势，积极借助设立自贸区、高新区以及开展"进博会"等形式搭建对外贸易平台，加强对边境口岸地区的开放试验区建设；要推动外贸机制创新发展，努力提升区域内营商与投资环境，吸引优质外资，推动沿江省市经济社会与国际市场对接；加速形成长江经济带与"一带一路"倡议的深度融合，进一步扩展中国对外投资和贸易渠道，构筑高水平对外开放新高地。

（3）在区域协调与经济高质量发展方面，要成为引领经济高质量发展主力军。长江经济带产业发展历史悠久，基础良好，在生物医药、信息技术、装备制造等领域产业配套完善，上中下游已形成相对完整的产业链。此外，沿线还汇集着一大批高等院校与科研院所，能够为长江经济带提供充足的智力支持与高素质人力资源供给。在新的发展时期，长江经济带应依靠现已具备的产业优势，进一步推动产业高级化，充分发挥上下游协同发展的区域比较优势；把握住新一轮科技革命浪潮，加强产学研深度合作，通过建设一批创新成果转化平台，突破核心关键技术，实现科技独立自主，着力推进新兴高技术产业发展，形成具有国际竞争力的产业集群。

3. 发展思路

长江经济带覆盖我国三大地理阶梯，具有显著的跨区域性，且各地区在自然资源、交通设施、产业基础、城镇建设等各个方面都存在明显差异。应依托长江经济带优越的地理区位，发挥长江黄金水道独特作用，充分挖掘上中下游的比较优势，统筹协调区域内各类要素资源。因此，长江经济带以"生态优先、流域互动、集约发展"作为思路，摸索形成了"一轴、两翼、三极、多点"的发展模式，以更好推动长江经济带发展。具体为如下几点：

"一轴"是指在生态环境保护的前提下，以长江黄金水道为依托，通过综合立体交通走廊的建设，打通并连结长江沿线的关键节点，发挥各区域中心城市的核心辐射带动作用，从而进一步优化城镇与产业的布局，提升对外开放水平，拓宽区域间相关合作领域；通过加强各区域间联系，引导人口等社会经济要素向环境承载能力强的区域进行转移聚集，缓解区域间要素分配不合理的情况，实现上中下游的协调发展。

"两翼"是指以长江主轴线为基础，南翼以沪瑞运输通道为依托，北翼以沪蓉运输通道为依托，通过提升交通的互联互通能力，推动南北两翼省会中心城市、节点城市人口、产业等诸多要素的合理流动，充分发挥其辐射带动作用，向长江沿岸南北两侧延伸，从而实现南北两翼支撑力的提升，进一步夯实长江经济带的发展基础。

"三极"是指通过着力发展长江三角洲城市群、长江中游城市群、成渝城市群三大城市群，打造长江经济带三大增长极，发挥其辐射带动作用。

"多点"是指发挥三大城市群以外其他地区的支撑作用，积极开发滇中、黔中城市群，进一步丰富其城市功能，发展优势产业，构建协调合作机制；加强与城市间的经济往来与互动，增强中心城市的辐射带动作用，带动区域经济发展。

4. 发展重点

（1）以长江黄金水道为基础，建立综合交通运输体系。交通运输能力是一个地区发展水平的基本标识，也是地区间进行经济社会往来的重要保证。长江流域的铁路、公路、航空航运、桥梁以及城市道路等交通基础条件在改革开放后得到显著提升，但上中下游间仍然存在交通不畅、交通方式衔接度低、运输效率不高、运量不大等问题，无法满足日益壮大的物流运输业、旅游业以及国际经贸往来的需求。因此急需建立更加完善的综合交通运输体系，推动长江经济带建立统一市场，实现全方位的对外开放。

（2）以创新驱动促进产业转型升级。产业是一个地区经济与城镇化发展的基础，长江经济带的开发建设离不开相关产业的发展，而科学技术的创新与进步所带来的产业转型升级与调整是产业发展的关键，只有在创新的前提下，新型战略性产业的调整布局与传统产业的改造升级才能稳步推进，形成国际高技术产业群，进而提升国际竞争力。

（3）深入推进新型城镇化。长江经济带城镇化的快速发展，是沿线各城市间进行沟通交流、协调互补的前提与基础。要加强各城市与城市群之间的社会经济联系，首先要解决的是如何提升各城市内部的发展条件，现阶段新型城镇化战略已进入"深水区"，推进城乡一体化与形成科学的城市网络结构是当前长江经济带亟须解决的关键问题。此外，新型城镇化的绿色发展观念也与长江经济带的发展目标相一致，继续深入推进新型城镇化的发展，能为长江经济带绿色生态发展提供坚实的社会物质基础与质量保障。

（4）加大对外开放力度，发展高质量对外开放型经济。党的十九届五中全会强调，"十四五"时期要"以推动高质量发展为主题"。经济高质量发展需要高水平开放与之配合。我国正处于中华民族伟大复兴的关键时期，经历百年未有之大变局，近年来国际经济与社会局势的不断变化，对对外开放提出了更高的要求，长江经济带作为我国经济发展的重要区域，需要结合更加复杂的国际形势、多变的政治与贸易投资环境，充分发挥与利用国内大体量的市场优势，将中国供需与国际优质资源对接，实现互利共赢；同时以创新为第一动力，加快科技成果的转化效率，提升国际科技产业的核心竞争力，加快形成以国内大循环为主体、国内国际双循环相互促进的开放型新发展格局，进一步完善对外开放发展体系，推动产业在国际分工体系中迈向全球价值链中高端，实现高质量引进来和高水平走出去，重塑国际合作机制，构建高水平和高质量的国家竞争新优势，以确保在未来的全球竞争中立于不败之地。

（5）建立完善的区域协调发展体制。长江经济带虽然拥有巨大的经济体量与发展潜力，但长期以来由于区域内各省市间尚未形成有效的沟通协调机制，沿江开发多为地方政府牵头主导，导致长江经济带名为整体性发展，实则各自为政，区域一体化与地方利益矛盾时有发生，各地产业同质化严重，阻碍了长江经济带一体化进程。要真正实现长江经济带的一体化发展，就要解决发展进程中存在的行政壁垒与利益冲突，从各省市顶层设计出发，加强规划统筹和衔接，构建完善的区域协调与合作机制，建立区域一体化的市场体系，并形成一个能够对长江经济带规划进行统一协调管理的权力机构，推动长江经济带沿岸协调高效发展。

5. 战略意义

长江经济带是我国发展潜力最大、综合实力最强的流域经济带，也是我国国土空间开发的关键区域，作为连接东西的重要轴线，其发展对中国经济社会发展以及中华民族伟大复兴具有深远的战略意义。具体表现在：

（1）长江经济带独特的跨区域性与丰富的要素资源，能更好地适应未来经济发展趋势。经济的稳定与发展需要不断有新的经济增长点作为支撑，这要求我国经济要外需拉动与内需拉动齐头并进，地处中西部的长江中上游地区开发程度较低，拥有巨大的内需潜力，对长江经济带建设进行科学谋划，能够充分挖掘上中游蕴含的巨大内需优势，缓解国际形势不断变化带来的外部经济压力，提振国内市场信心与实力。

（2）长江经济带能够更好地串联各大战略，推动区域均衡发展，助力"双循环"格局形成。一方面，经过改革开放40多年的发展，中国已成为世界第二大经济体，但在经济快速增长的同时，各区域间的发展差异也在日益凸显。国家的可持续发展，亟需缩小区域差异，实现均衡发展；另一方面，我国目前已在东中西部分别实施了东部沿海发展战略、西部大开发战略以及中部崛起战略，这三大战略有效推动了区域发展，但也带来了许多局部性弊病。实施长江经济带发展战略可以在延续前期战略成果基础上，进一步统合三大战略，加快上中下游一体化发展程度，推动长江经济带协调发展，发挥整体优势。当前我国对外开放的重点是"一带一路"，而"一带一路"倡议的相互连结需要国内的区域发展作为桥梁与纽带。长江经济带作为贯穿东西，辐射南北的重要发展轴线，其对挖掘中上游广阔腹地蕴含的巨大内需潜力，促进经济增长空间从沿海向沿江内陆拓展，形成上中下游优势互补、协作互动格局，缩小东中西部发展差距发挥着关键作用。长江经济带能够通过发展上中下游的比较优势，打造协同合作互动的发展格局，形成中国经济新的支撑带，为陆上丝绸之路与海上丝绸之路的联结打开关键通路。

（3）长江经济带发展对增强国家全球竞争力，抵御外部风险能力，建设现代化强国具有重要的促进作用。要在激烈的国际竞争中立足，既需要有强大竞争力的国际城市、城市群与经济带作为支撑，也需要培育新的增长极带动区域的发展与全球竞争力的提升。长江经济带拥有国内综合实力最强的国际化大都市上海与长三角城市群，能够发挥"稳定器"作用，消解外部经济风险对国内的冲击；同时作为我国规模最大与国际竞争力最强的经济带，通过对沿江产业结构与城镇化布局进行优化，建设陆海双向对外开放新走廊，有利于培育国际经济合作竞争新优势，促进经济提质增效。

（4）长江经济带沿岸动植物种类丰富，是我国重要的生态长廊。根据长江经济带发展战略，推动沿岸经济发展走生态优先、绿色发展之路，一方面可以加强对区域内重点物种进行保护，修复水生环境空间，逐步恢复因前期过度开发而降低的生态自我修复能力；另一方面，又可以充分发掘区域内自然资源与生物多样性的潜在价值，通过可持续、高效开发生物资源，发挥其经济价值，以生物多样性保护和价值开发促进生态环境改善和新兴产业发展，实现生态优先与绿色发展的协同共进，真正使黄金水道产生黄金效益。

3.1.4 战略实施

1. 实施现状

自长江经济带发展战略实施以来，区域内经济得到持续健康发展，综合立体交通体系更加完善，长江流域生态环境得到显著改善，长江经济带在工业产业、经济社会发展、基础设施建设、生态环境保护以及对外开放等各个方面都取得了历史性成就，展现了高水平的发展潜力，区域经济发展与环境保护的良性互动机制已基本形成。

（1）环境治理成效显著。从对污染源的控制角度，按照习近平总书记提出的"共抓大保护、不搞大开发"要求，长江经济带沿线近年来，一方面加快沿线工业布局的优化和结构调整，将沿线重庆、武汉、成都等重点城市打造成为重要的节能环保装备制造业产业集群，创造了一批绿色工厂与园区。另一方面积极推进危险化学品生产企业与违规污染企业的搬迁改造。数据显示，五年来，长江经济带累计"关改搬转"工企业 8 091 家，其中，搬迁改造危险化学品企业 464 家，搬出和转移禁养区内的水产养殖规模达 1 192.6 万 km²，已有 579 座尾矿库完成闭库。

此外，长江沿线 1 361 座非法码头彻底整改，2 441 个违法违规项目已清理整治 2 417 个，两岸绿色生态廊道逐步形成，沿江城市滨水空间回归群众生活。

从污染的治理效果角度，沿江省（市）通过生态环境政策集成改革，加大了生态环境保护和修复力度。据统计，2015—2018 年间，长江经济带空气质量有所提升，大气污染超标率平均下降 3.5%。流域水质明显改善，2019 年，长江经济带优良水质比例达到 82.5%，同比上升 3.4%，高于全国平均水平 6.1%；劣V类比例为 1.2%。2020 年 1—11 月，水质优良断面（Ⅰ—Ⅲ类）比例为 96.3%，较 2016 年提高 14 个百分点，首次消除劣V类水体，干流全部实现Ⅱ类及以上水质。截至 2020 年 11 月，完成沿江 11 省市 63 个城市入河排污口排查，排查出入河排污口 60 292 个；长江经济带地级及以上城市 1 372 个黑臭水体完成消除 96.7%；全面开展长江岸线清理整治，2 441 个违法违规项目整改完成 98.9%；累计完成新营造林 7 767km²，退耕还湿 340km²。持续优化新兴产业布局，电子信息、装备制造等产业规模占全国比重均超过50%，地区生产总值能耗 0.42t/万元，相较 16 年下降 12.5 个百分点，工业绿色生产效率显著提升。

（2）绿色企业与园区蓬勃发展，产业转型升级成果初显。工业企业和园区是生产制造过程的重要载体，是绿色制造体系构建的责任主体。长江经济带各地工业企业、园区在政策引导和鼓励下，积极创建绿色工厂、绿色园区，行业龙头企业不断探索绿色供应链管理模式。在电子、纺织、钢铁、化工等多个重点行业成功研发了一批促进行业绿色转型的关键共性技术，辐射和带动了重点省份或区域工业高质量发展。在产业方面，长江经济带的重点产业如汽车、钢铁等工业产业稳步发展的同时，产业结构也在不断优化升级，由第一产业为主向第二、三产业过渡转型，通过沿线化工企业的关、改、搬、转，加快新旧动能转换，电子信息、智能制造等一大批高新技术产业正加速发展。

（3）各省市经济稳步发展，人民生活水平大幅提高。2019 年，长江经济带 9 省 2 市累计地区生产总值为 45.78 万亿元，经济总量占全国的比重达到 46.5%，相较 2015 年提高 4.2 个百分点。2014 年至 2019 年，长江经济带各省（市）GDP 平均上涨 64.65%，社会消费品零售总额平均增长 56.14%，进出口总额、城镇化率分别平均增长 25.41%、12.35%。由此可见，在"十三五"期间，长江经济带各省市均获得了长足的发展，社会商品购买力显著增强，人民物质生活水平大幅提高。湖南、四川、云南、贵州、江西、安徽等地城镇化水平进一步提高，不仅有力地拉动了居民消费和投资增长，而且提高了城市基础设施建设水平和工业化发展进程。

（4）综合立体交通运输体系进一步完善，对外开放水平显著提升。截至2020年11月，长江经济带铁路、高铁通车里程分别达到4.37万km、1.54万km，比2015年分别新增9 120km、7 824km；高速公路里程达到6.37万km，比2015年新增1.55万km，综合立体交通运输体系建设已初见成效；同时，伴随着交通的日益便利，对外沟通渠道进一步打通，长江经济带对外开放水平正在稳步提升，与"一带一路"建设的融合程度也更高，上海洋山港四期建成全球最大规模、自动化程度最高的集装箱码头，宁波舟山港成为唯一吞吐量超11亿吨的世界第一大港，中欧班列线路开通达30余条。2016年以来，长江经济带新增8个自贸试验区、24个综合保税区，2019年货物贸易进出口总额突破2万亿美元。货物贸易进出口总额20 329亿美元，相较2016年上升29.7%，实际使用外商直接投资额677亿美元，相较2016年上升5.7%，对外开放水平显著提升。

（5）城镇空间发展格局不断优化，城市群引领作用显现。"十三五"期间，长江经济带城镇化建设持续推进，从整体看，基本养老保险参保人数42 311万人，相较2016有了大幅改善，增长11.4%，城乡居民最低生活保障人数1 982万人，相比2016年降低27.8%，城乡居民可支配收入大幅增加，沿岸人民生活水平得到显著提升。在下游形成了涵盖上海等26个城市的长三角城市群，集聚人口约1.6亿人，城市化率已经超过了73%；中游形成了以武汉为中心向外辐射的城市群，在2017年实现了以全国3.4%的土地面积和9.0%的人口数量创造了9.6%的经济总量；上游以重庆、成都双核心为引领的成渝地区双城经济圈成为支撑长江经济带发展的重要城市群。总体来看，各地根据自身资源禀赋不断完善城市空间治理，加快形成了结构合理、优势互补的城镇空间格局。

2. 存在问题

长江经济带生态地位重要、综合实力较强、发展潜力巨大。但目前，长江经济带发展仍然面临诸多亟待解决的困难和问题，主要是生态环境状况形势依然严峻、沿线交通联通性不强、区域发展不平衡问题突出、产业转型升级任务艰巨、区域合作机制尚不健全等。

（1）经济发展与生态建设之间矛盾仍然尖锐。长江上游地区属于生态建设与贫困落后地区的重合区，一方面经济建设需要消耗大量的自然资源与土地，另一方面生态保护对资源开发的限制标准也日益提升，除了高原、干旱等环境恶劣的地区，上游生态保护面临无地绿化的窘境；而中下游地区由于工业的过度聚集，全域普遍存在产能过剩、产业低端化问题，污染的治理难度越来越大，工业排污现象严重，保护形势仍然严峻。此外，局部地区为加快经济发展，存在忽视生态建设的问题。"黄金水道"作用的发挥与生态保护的巨大压力并存，怎样正确处理好生态建设与经济发展的关系，仍然是推动长江经济带发展所要解决的核心问题。

（2）资源分布不均，产业同质化严重，产业结构亟须调整。长江沿线地区产业结构趋同、同质化竞争现象严重，各产业间缺乏互补性，上中下游的产业链不健全，且缺乏有效的协调机制，各部分对接困难。此外，长江经济带存在长期的产业布局与资源的错配，上中游地区缺乏资金、技术支持，下游地区发展缺乏资源支撑，煤炭石油等能源开发基地以及棉麻等自然资源主要分布在中上游地区，而钢铁、石化、纺织等资源加工型企业则集中在下游地区，原产地与加工地运输距离远、调运难度大，大规模的资源与产品的跨区域流动给长江经济带交通货运系统带来极大压力，也带来成本增长、市场竞争力下降、运输效率低下等问题。

同时，长江经济带中上游地区仍未充分实现产业结构的优化升级，化工产品的生产制造、纺织加工、金属冶炼仍然是部分省市的支柱产业。当前经济形势下行，人口红利不断降低，劳动密集型产业盈利能力大幅下滑，钢铁、有色金属、建筑材料等工业行业产能过剩严重，加工制造业产品竞争力不足，效益下降，难以在日益激烈的国际竞争中取得优势地位，尤其是上游西部地区产业层次依然偏低，低端产业、低附加值产品、低技术装备为主的产业结构特征明显，以技术和品牌为主导的竞争优势还没有形成。长江经济带亟需把握新一轮信息技术革命浪潮，加快发展新兴高技术产业提升产品生产效率与国际竞争力。

（3）部门间协作机制尚不健全，各自为政，管理效率不高。一方面，政府协作机制不完善，执行效率有待提高。长江经济带发展是全流域的跨区域管理问题，领域涉及生态保护、基础设施建设、经济合作与协同发展、产业整体布局等诸多方面，管理主体多元，水利部、农业农村部、工信部、交通运输部、发改委等多个部门均存在管理义务，加之沿江11省市各地方政府在规划落实过程中也易出现信息不对称、执行偏差、部门职能交叉、冲突等问题，严重影响了政策规划的落实效率。例如在综合立体交通体系的建设方面，虽然长江流域的交通基础设施已初步形成了水运、铁路、公路、航空相结合的综合运输体系，但尚未形成综合大交通体系。公路、铁路、航空、水运等分别归属不同部委机构管辖,而具体项目的建设也由不同省市包干,进而导致区域内省与省之间部门管理混乱,省际"最后一公里"问题难以解决,缺乏快速有效的交通通信纽带和紧密的经济互动,运输体系出现断层,对接不顺畅,工业与城市大多呈不连续的带状分布,从而影响了产品货物的运输中转能力与效率。另一方面,生态环境的保护过程中,各地所处发展阶段、资源禀赋、区位优势等差异较大,也缺乏有效的协调沟通激励机制,往往协调多、落实少,且职责分散,功能缺乏整合归集,各管各段,规划各自为政,建设自行其是。主要表现在经济社会发展方面,资源同争市场同抢现象时有发生。

(4) 产业结构绿色转型面临挑战,环境治理压力仍大。首先,由于国际经济形势的持续下行,企业盈利空间大幅缩水,节能减排意愿减弱,开始缩减污染治理投资,抉择和权衡产业绿色转型与保持经济稳定增长的关系成为重要挑战。下游地区拥有良好的技术与资金支持,产业绿色转型程度高,但因地区人口密度大,土地资源紧缺,生态用地面积与产业发展用地存在一定矛盾。中部地区由于前期发展需要,传统主导产业为重化工业,产业绿色转型压力大,牵动利益面广。在西部地区由于经济基础较差,又缺乏技术支持,绿色制造和创新能力较弱,配套产业和服务体系发展滞后,仍然以高消耗、高污染的低端技术装备和产品生产为主,生产制造过程中的物耗、能耗和废弃物排放严重,主要行业能源资源利用效率与国际先进水平仍有差距,绿色制造技术、工艺和装备水平亟待提高。其次,节能环保产业和服务体系不适应产业绿色转型升级需要,绿色产品设计能力薄弱,资源再利用率低,二次污染问题严重,无法满足日益增长的资源循环利用需求,加之节能环保企业数量与规模偏小,节能服务体系不健全,尚未形成产业集聚与规模效应。沿江环境风险隐患仍突出,发展和保护的矛盾仍然存在。最后,在政府层面,由于缺乏约束机制,在生态补偿问题上也还没有建立起相应的处理方法以及措施。特别是针对污染防治地区、污染产生地区和污染受益地区没有建立起合理的利益分享机制、生态补偿机制,存在"搭便车"的现象,与自己关系不大或更多面向区域整体利益和功能的事,就不做或少做。

3.2 长江经济带整体工业绿色技术创新现状

3.2.1 基础条件

工业企业数量及利润情况是工业绿色技术创新开展的基础条件,工业企数量越多,开展绿色技术创新活动的可能性越大,范围越广,其水平和质量也可能越高;企业利润则是其开展绿色技术创新活动的物质基础和前提。因此,将工业企业数量和企业利润作为认识长江经济带整体工业绿色技术创新现状的基本方面。本研究为了展现长江经济带在全国工业经济中的地位,在采集长江经济带相关数据的同时,也对全国的对应数据进行了收集。

表 3-1 显示了长江经济带及全国 2014—2018 年工业企业数量及利润信息。由表 3-1 可知,长江经济带工业企业总数相对稳定,可能因纳入统计范畴的均为规模以上工业企业,5 年间,企业总数始终保持在 18 万多家,占全国工业企业数的 49% 左右,接近于一半,可见长江经济带工业企业数量在全国占比较大。在工业企业利润层面,长江经济带总体上利润总额维持在 2.8 万亿到 3.4 万亿之间,受经济周期影响,呈上下波动趋势,利润全国占比维持在 41%~47% 间。可见,长江经济带工业企业数量及利润总量在全国占比均接近于 50%,在全国工业经济中,地位特殊。

表 3-1　2014—2018 年长江经济带规上工业企业数量及利润情况

年份	工业企业数量/个	全国工业企业数量/个	工业企业利润总额/亿元	全国工业企业利润总额/亿元	企业数占全国比重	利润占全国比重
2014	182 573	377 888	28 212.67	68 155	0.483 1	0.413 9
2015	186 563	383 148	29 368.24	66 187	0.486 9	0.443 7
2016	187 748	378 599	32 556.15	71 921	0.495 9	0.452 7
2017	183 640	372 729	33 323.97	74 916	0.492 7	0.444 8
2018	187 282	378 840	31 111.7	66 351.4	0.494 4	0.468 9

除了工业企业数量及企业利润总额外,R&D 活动是直接显示企业是否具备绿色技术创新能力的关键指标。表 3-2 显示了 2014—2018 年长江经济带开展 R&D 活动的企业数量及占比情况。由表 3-2 可知,2014—2018 年长江经济带开展 R&D 活动的工业企业数量稳步提升,由 2014 年的 39 199 个上升为 2018 年的 62 957 个。同时,长江经济带开展 R&D 活动的工业企业数量占其工业企业总数的比值亦在逐步提高,从 2014 年的 21.5% 上升到 2018 年的 33.6%,可见长江经济带工业企业越来越重视技术研发,但也应注意到有将近 70% 的工业企业在 R&D 活动方面,积极性不高。另外,长江经济带开展

R&D活动的工业企业数量在全国开展R&D活动的工业企业数量中所占比值始终维持着60%左右，因此，可以说相较于全国其他地区，长江经济带工业企业更加重视技术研发，长江经济带工业企业的研发活动规模在全国发挥着主力军作用。

表3-2　2014—2018年长江经济带规上工业企业开展R&D活动情况

年份	工业企业数量/个	R&D企业数量/个	全国R&D企业数量/个	R&D企业数占企业总数比重	R&D企业数占全国R&D企业数比重
2014	182 573	39 199	63 676	0.214 7	0.615 6
2015	186 563	45 119	73 570	0.241 8	0.613 3
2016	187 748	52 552	86 891	0.279 9	0.604 8
2017	183 640	58 252	102 218	0.317 2	0.569 9
2018	187 282	62 957	104 820	0.336 2	0.600 6

3.2.2　资源投入

工业企业进行绿色技术创新活动的资源投入一般包括两个方面，即影响着绿色技术创新水平的人力投入和资金投入。同时，本研究将能源投入作为投入要素之一，能源投入是指将煤炭、电力、天然气等能源统一折算为标准煤，可以显示绿色技术创新的能源消耗，在其他条件不变情况下，较少的能源消耗表示较高的绿色产出，更为契合本研究"工业绿色技术创新效率"的主题。

(1) 人力投入：

强大的研发实力是企业进行持续发展的重要保障，研发人员更是企业在研发过程中最重要的资产和资源，也是绿色技术创新的直接实施者，作为研发的主体，研发人员的投入数量对整个创新活动的质量和效率具有重要的影响。R&D人员折合全时当量是衡量人力投入的惯常指标，是企业R&D全时人员（全年从事R&D活动累积工作时间占全部工作时间的90%及以上人员）工作量与非全时人员按实际工作时间折算的工作量之和，该指标能有效地反映出当时工业企业研发人员的投入情况。

图3-4展示了2014—2018年长江经济带工业R&D人员全时当量，从图中可看出，2014—2018年R&D人员全时当量呈逐年上升的趋势，从2014年的1 234 627上升为2018年的1 503 565，增长了21.8%。2014—2018年逐年

的同比增长率分别为 4.07%、3.51%、4.04%、8.66%，其中 2018 年工业 R&D 人员全时当量的同比增长率最高。由此可见，近年来长江经济带工业企业愈发重视研发人力资源的投入，绿色技术创新的人才支撑越来越坚实。

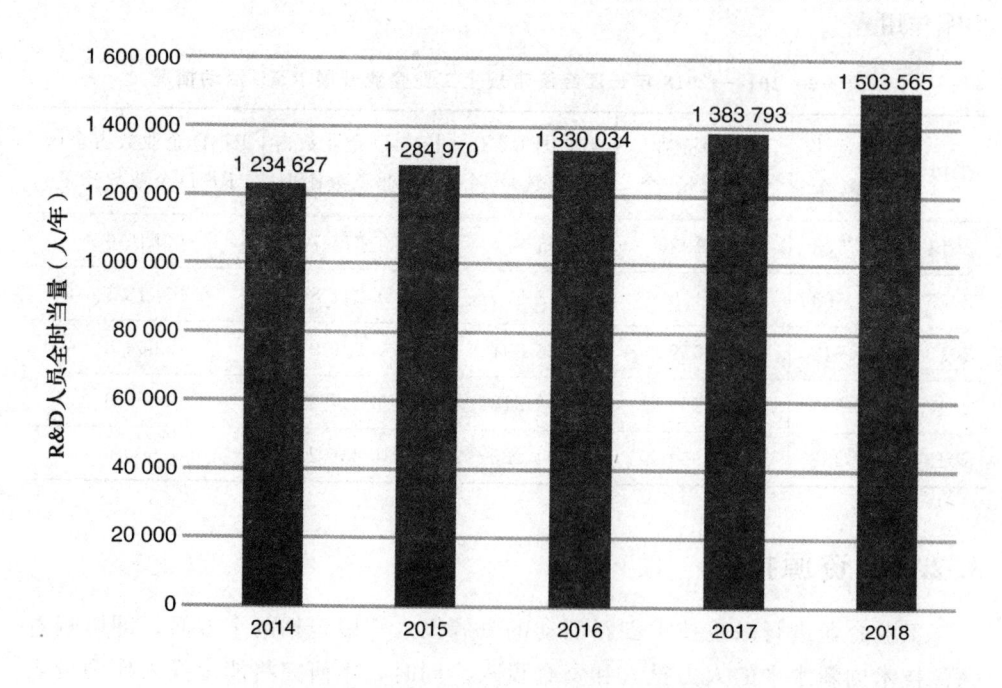

图 3-4 2014—2018 年长江经济带工业 R&D 人员全时当量

（2）资金投入：

资金的投入是企业进行研发和创新活动的重要保障。R&D 经费内部支出是企业用于内部开展 R&D 活动的实际支出，既包括企业进行 R&D 项目（课题）活动的直接支出，也包括间接用于 R&D 活动的管理费、服务费、与 R&D 有关的基本建设支出以及外部加工费等，能全面衡量企业进行日常技术创新活动资金投入情况，反映出工业企业对研发创新活动的重视程度。

从图 3-5 可以看出，2014—2018 年长江经济带规上工业企业 R&D 经费内部支出呈现逐年增长的趋势，2018 年 R&D 经费内部支出达到了 63 589 502 万元，是 2014 年 41 352 476 万元的 1.54 倍，同比增长了 53.77%。从同比增长率来看，2014—2018 年逐年的同比增长率分别为 11.12%、10.94%、12.35%、11.03%，R&D 经费保持着较高幅度的增长，且增长较为稳定，均维持在 11% 左右。上述数据表明，工业企业逐年增加了研发和科技创新的资金投入，越发重视技术创新在市场竞争中的重要地位。

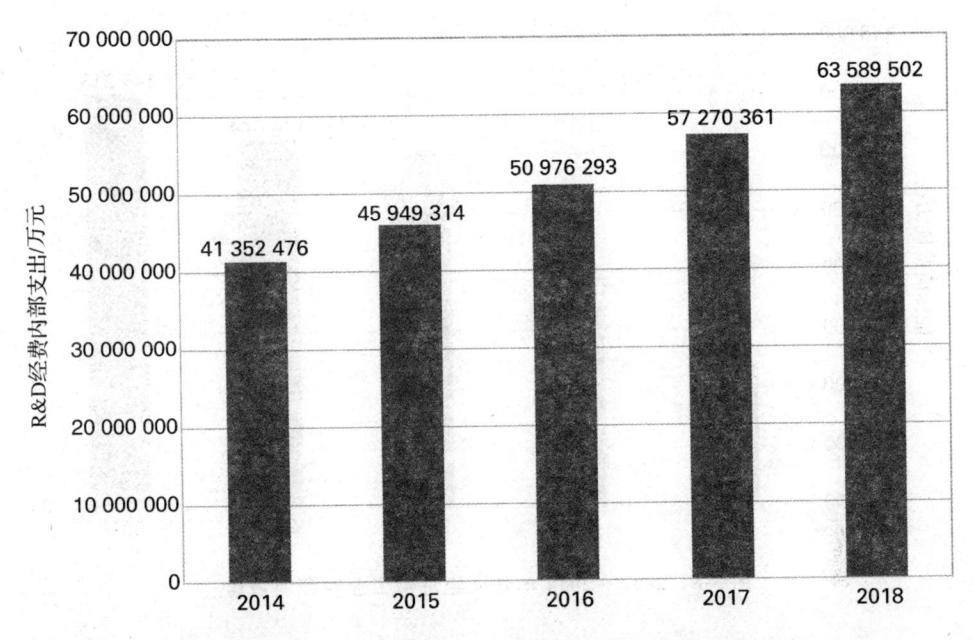

图 3-5　2014—2018 年长江经济带工业 R&D 经费内部支出

（3）能源投入：

能源投入是衡量绿色技术创新水平和效率的一个重要因素，一般来说，能源投入与绿色技术创新效率成反比，在其他条件不变的情况下，能源投入越多，绿色技术创新效率越低。能源投入通常用标准煤指标来衡量，是指将煤炭、电力、天然气等不同品种、不同含量的能源按各自不同的热值折算成每 kg 热值为 29 307 kJ 的标准煤。图 3-6 呈现了长江经济带 2014—2018 年能源消费量情况，总体而言，2014—2018 年长江经济带能源消费量呈逐年微弱递增趋势，由 2014 年的 136 905 万 t 上升为 2018 年的 146 218 万吨，整体增长了 6.8%。从同比增长率来看，2014—2018 年逐年的同比增长率分别是 1.51%、2.29%、1.75%、1.09%，长江经济带能源消费量每年均保持着较低幅度的增长。

从长江经济带能源消费量在全国的占比情况来看，2014—2018 年比重分别为 32.15%、32.33%、32.62%、32.25%、31.51%，比重变化较为平缓，整体维持在 32% 左右，可知长江经济带工业能源消费量约占全国的三分之一。

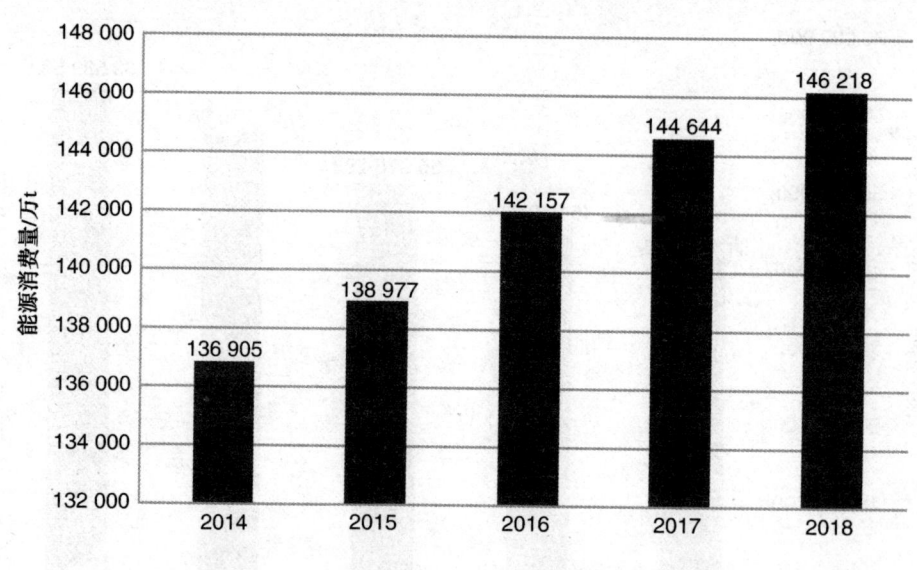

图 3-6 2014—2018 年长江经济带工业能源消费量

3.2.3 期望产出

期望产出是对总体目标有益、符合预期的产出，其值愈大愈好。长江经济带工业绿色技术创新产出水平情况，本研究将从工业企业专利申请数量、新产品开发项目数、新产品销售收入等方面进行阐释。

(1) 工业专利申请数量：

专利申请数作为创新产出的主要成果，是衡量工业绿色技术创新水平的直观衡量指标，长江经济带 2014—2018 年工业企业专利申请数量情况见下图。由图 3-7 可知，长江经济带工业企业的专利申请数量呈现稳步上升趋势，在 2018 年提升幅度最大，达 488 341 件，与 14 年相比，增幅 43.1%。同时，2014—2018 年长江经济带工业的专利申请数量占全国工业的专利申请数量的比重分别为 54.12%、56.62%、53.53%、50.03%、51.01%，比重有所下降，波动变化较为平缓，但在全国占比仍超过 50%。上述数据表明，长江经济带工业绿色技术创新专利产出数量呈稳步上升趋势，在全国工业企业专利申请总量中占较大比重。

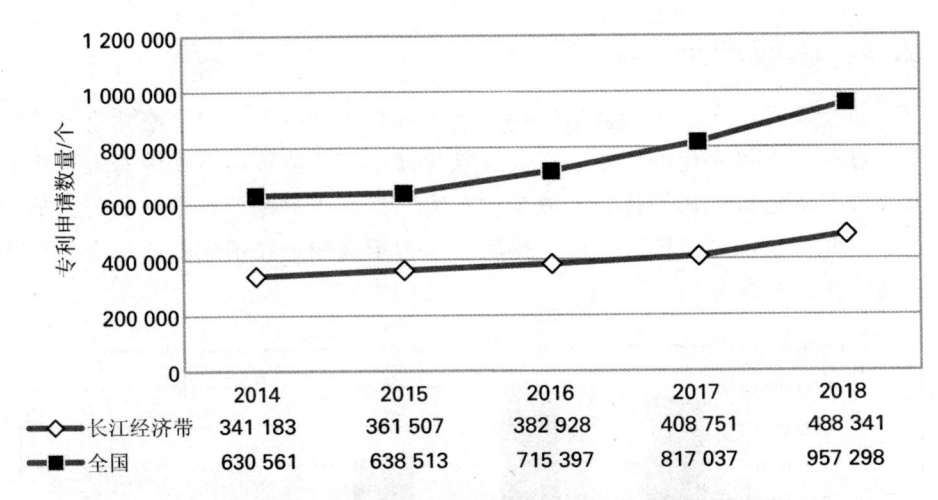

图 3-7 2014—2018 年长江经济带及全国工业专利申请情况

	2014	2015	2016	2017	2018
长江经济带	341 183	361 507	382 928	408 751	488 341
全国	630 561	638 513	715 397	817 037	957 298

(2) 新产品开发项目数及新产品销售收入：

新产品开发项目数量及新产品销售收入是工业企业 R&D 经费投入后的间接产出，是有效衡量企业产品创新及创新产出水平的重要指标。表 3-3 呈现出了长江经济带及全国工业新产品项目数量、新产品销售收入及占比情况。2014—2018 年长江经济带工业新产品开发项目数由 203 338 件增至 292 385 件，增长了 0.44 倍；新产品销售收入由 743 666 831 万元增至 1 015 217 893 万元，同比增长了 36.5%，增长速度较快。从占比情况来看，长江经济带与全国整体情况相比，新产品开发项目数及新产品销售收入占比均超过 50%，且波动变化较为平缓。综上，长江经济带工业企业在新产品开发项目、新产品销售收入等创新产出上保持着稳定上升的良好态势。

表 3-3 2014—2018 年长江经济带及全国工业新产品项目及销售收入情况

年份	新产品开发项目数/件	新产品销售收入/万元	全国新产品开发项目数/件	全国新产品销售收入/万元	新产品开发项目数占比	新产品销售收入占比
2014	203 338	743 666 831	375 863	1 428 952 968	0.541 0	0.520 4
2015	182 150	800 761 684	326 286	1 508 565 473	0.558 3	0.530 8
2016	212 456	930 472 259	391 872	1 746 041 534	0.542 2	0.532 9
2017	244 669	990 267 167	477 861	1 915 686 889	0.512 0	0.516 9
2018	292 385	1 015 217 893	558 305	1 970 940 694	0.523 7	0.515 1

3.2.4 环境产出

工业企业在绿色技术创新活动中，从资源投入到创新产出，必然会产生工业发展过程中不可避免的废水、工业二氧化硫废气、固体废弃物等对人类生存环境造成严重危害的污染排放。减少"三废"排放正是绿色技术创新的价值追求，本研究将长江经济带"三废"排放量作为衡量绿色技术创新的一个负向指标。具体排放情况见图 3-8～3-10。

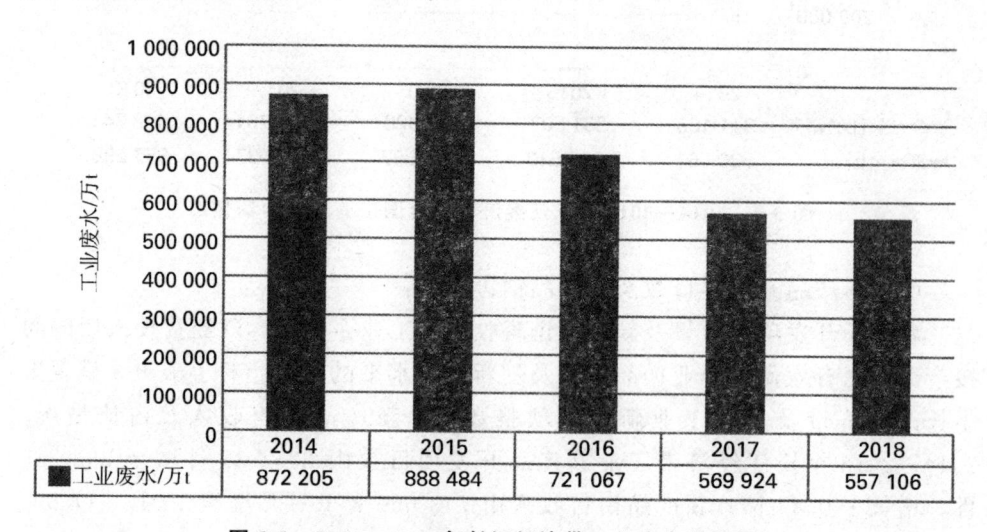

	2014	2015	2016	2017	2018
工业废水/万 t	872 205	888 484	721 067	569 924	557 106

图 3-8　2014—2018 年长江经济带工业废水排放量

	2014	2015	2016	2017	2018
工业二氧化硫/万 t	609.48	561.3	337.99	251.05	207.2

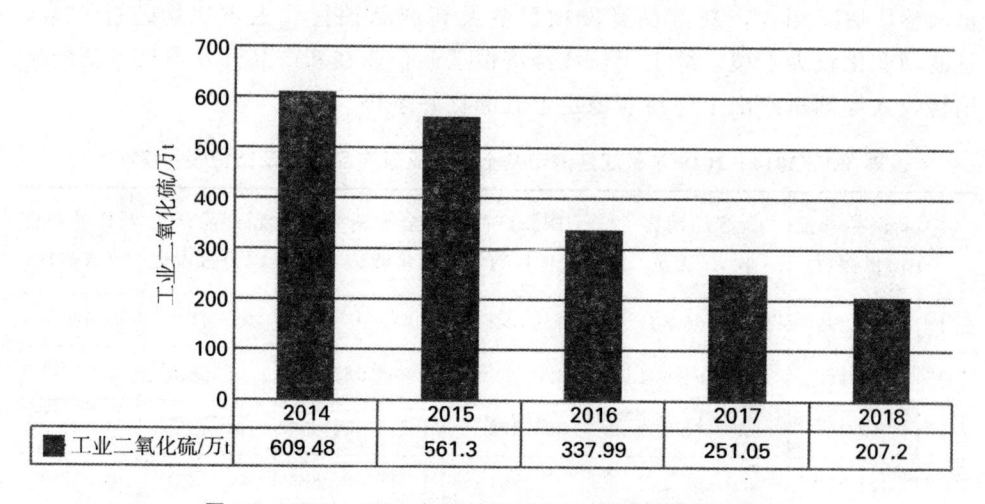

图 3-9　2014—2018 年长江经济带工业二氧化硫排放量

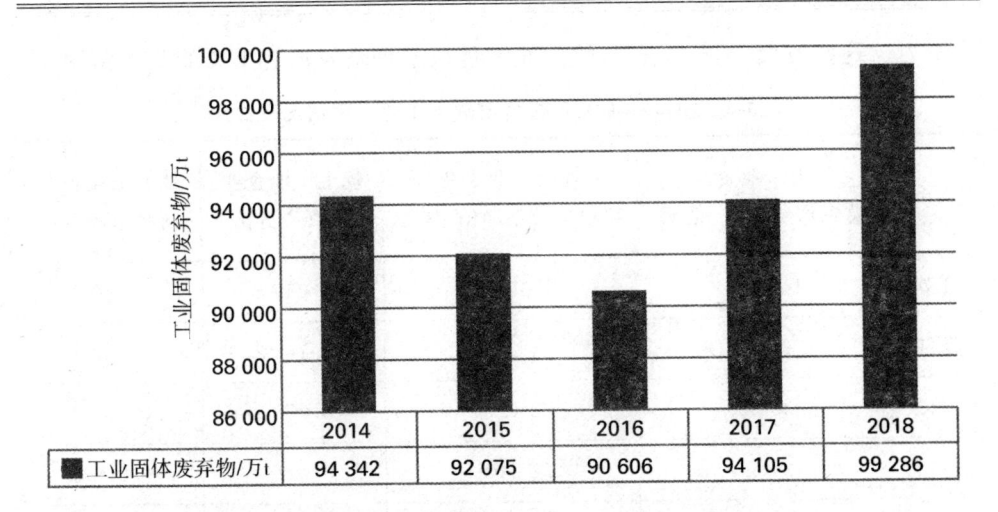

图 3-10　2014—2018 年长江经济带工业固体废弃物产生量

由图可知，2014—2018 年工业废水和工业二氧化硫排放量均呈下降趋势，其中工业废水由 2014 年的 872 205 万 t 下降至 2018 年的 557 106 万 t，下降了 36.13%；工业二氧化硫由 2014 年的 609.48 万 t 下降为 2018 年的 207.2 万 t，下降了 66%，下降幅度较大，这说明在生态优先、绿色发展的战略引领下，长江经济带工业废水废气治理均颇具成效。然而，工业固体废弃物的治理有所差别，呈现先下降再上升的"V"型变化趋势。具体而言，2014—2016 年工业固体废弃物产生量由 94 342 万 t 下降为 90 606 万 t，下降 3.96%；2016—2018 年又由 90 606 万 t 上升为 99 286 万 t，增长 9.58%，增长幅度高于 2014—2016 区间的下降幅度，说明工业固体废弃物的排放出现不良反弹，政府、企业应更加重视工业固体废弃物的治理，以提升整体的绿色技术创新水平。

3.3　11 省市工业绿色技术创新现状

3.3.1　发展基础

为具体了解长江经济带 11 省市工业发展的基础条件，本研究还采集统计了 2014—2018 年工业企业总资产年均值、工业企业利润总额年均值及在长江经济带整体中的占比等数据，汇总见表 3-4。工业企业总资产年均值可以呈现近年来该地区工业的基础及经济总量，工业企业利润总额年均值可表明工业企业整体的运营情况及其经济收益，长江经济带占比情况能说明各省市的相对经济实力。这些方面对于 11 省市的工业绿色技术创新发展有重要的基础作用。

表 3-4　2014—2018 年各省市规上工业发展情况及占比

省份	规上工业企业总资产年均值/亿元	规上工业企业利润总额年均值/亿元	规上工业企业总资产占比	规上工业企业利润总额占比
江苏	111 831	9 573	0.259 8	0.310 3
浙江	69 821	4 219	0.162 2	0.136 7
安徽	33 279	2 197	0.077 3	0.071 2
江西	20 547	2 240	0.047 7	0.072 6
湖北	36 953	2 587	0.085 9	0.083 8
湖南	25 216	1 869	0.058 6	0.060 6
四川	41 521	2 458	0.096 5	0.079 7
贵州	13 981	798	0.032 5	0.025 9
云南	19 183	605	0.044 6	0.019 6
上海	39 535	2 905	0.091 9	0.094 2
重庆	18 529	1 402	0.043 1	0.045 4

由表 3-4 可见，可以初步判定江苏省在长江经济带工业经济总量中处于遥遥领先地位，工业总资产年均值为 111 831 亿元，5 年工业资产总额占长江经济带 5 年资产总额的比重为 25.98%，超过长江经济带整体的四分之一；其五年工业企业利润总额占比为 31.03%，超过 30%，接近长江经济带整体的三分之一。其次为浙江省，工业企业总资产年均值为 69 821 亿元，工业总资产占比为 16.22%，其工业企业利润总额占比则为 13.67%。这说明，浙江与江苏相比，其工业企业总资产的盈利能力不及江苏，江苏利润总额占比高于工业企业总资产占比，而浙江工业企业利润总额占比则低于总资产占比。

除江苏、浙江 2 个省份外，其他 9 个省市的工业总资产和利润总额占比均低于 10%。其中，云南、重庆、贵州工业企业总资产占比分别位列后三名，可见这 3 个省市的工业经济总量相对较低，工业基础条件落后于其他省市。而云南、贵州 2 省份工业企业利润总额占比要低于总资产占比，说明云南、贵州 2 省份不仅工业经济总量较低且工业企业经济收益较低。值得关注的是，江西省工业企业总利润占比比总资产占比高了近3个百分点，说明江西的工业企业在经济盈利上发展较好。而上海市工业总资产及利润总额分别处于第四位、第三位，不及江苏和浙江，其中的一个原因是上海市产业结构中工业占比较低，现代化程度较高，现代服务业及商业的第三产业是其经济的主要来源。湖北省工业总资产及利润总额分别处于第五位、第四位，总体都处于中等偏上的位次。

综上所述，整体上长江经济带工业发展的基础条件下游地区的江苏、浙江、上海最好，上游地区的云南、贵州较差，整体遵循经济发展水平的区域梯度格局。

3.3.2 政策举措

为更好地了解长江经济带各省市对于工业绿色发展的重视程度，本研究还汇总、收集、整理了11省市部分相关代表性文件以及关键举措，以明确长江经济带11省市为促进工业绿色发展的政策现状。

由表3-5可知，各省市对于绿色发展均有高度的重视，关于绿色发展均有一系列的代表性文件出台。在关键举措方面，有"百家争鸣"之态，但也存在一些共性做法。比如，大部分省市均重点开展绿色产业园及绿色工厂的示范建设、实现绿色供应链的全方位发展、进行企业的绿色改造等。由于各省市具有不同的发展特色和特点，具体举措呈现出不同之处。湖北素有"千湖之省"的美誉，其工业的原始布局大多集中于水域周边，因此其绿色发展的重点举措之一为重新规划工业的布局，如"沿江1公里内严禁布局重化工业"等措施。上海市自身面积相对较小，且近年来工业的转型升级成效相对明显，工业绿色发展的着力点将不再局限于对传统工业的转型升级上，而是在工业的核心关键绿色技术上不断发力，以取得绿色技术上的新发现和新突破。云南、贵州等上游省份，则施行了系列对自然环境生态的保护措施，云南建立自然保护区、贵州推动复合生态湿地系统项目等。

表 3-5 长江经济带 11 省市推动工业绿色技术创新的关键政策及举措

省份	代表性文件	关键政策及举措
云南	《云南省打赢蓝天保卫战三年行动实施方案》《中共云南省委云南省人民政府关于全面加强生态环境保护坚决打好污染防治攻坚战的实施意见》	不断建立自然保护区；开展"散乱污"企业及集群综合整治行动；加快城市建成区重污染企业搬迁改造或关闭退出等；增强绿色科技创新动能；大力发展绿色农业、绿色工业、绿色服务业和绿色金融，加快发展新技术、新产品、新业态、新模式
贵州	《贵州省绿色制造三年行动计划（2018—2020年）》《省人民政府关于支持黔南自治州加快推进绿色发展建设生态之州的意见》	实施"千企改造"工程；清洁生产审核；绿色产品、绿色工厂、绿色园区和绿色供应链全面发展；复合生态湿地系统项目；设立工业绿色发展基金；加快绿色科技创新，加快研发绿色发展的核心关键技术；提升工业绿色智能水平
四川	《四川省循环经济发展规划（2017—2020年）》《中共四川省委关于推进绿色发展建设美丽四川的决定》《四川省"十三五"工业绿色发展规划》	循环经济试点示范单位评选；生产过程清洁化；工业能效提升计划；创建一批国家级和省级绿色产品、绿色工厂、绿色园区和绿色供应链；推广绿色基础制造工艺；实施能效水效"领跑者"制度，加快建立循环型工业体系
重庆	《重庆市实施生态优先绿色发展行动计划（2018—2020年）》《重庆市绿色制造体系建设三年行动计划（2018—2020年）》《重庆市提升工业绿色发展水平的意见》	建设绿色工厂、发展绿色园区、开发绿色设计产品、建成绿色供应链和培育绿色服务平台；提升企业能效水平；严格执行技改项目节能审查制度；督促落实企业节能目标责任制；实施能效领跑者制度；制定重点企业水效提升计划
湖北	《湖北省工业经济稳增长快转型高质量发展工作方案（2018—2020年）》《湖北省人民政府关于加快推进传统产业改造升级的若干意见》《湖北长江经济带生态保护和绿色发展总体规划》《湖北长江经济带生态环境保护规划（2016—2020年）》	加快发展绿色产业、构建综合立体绿色交通走廊、推进绿色宜居城镇建设、实施园区循环发展引领行动、开展绿色发展示范、探索"两山"理念实现路径、建设长江国际黄金旅游带核心区、大力发展绿色金融、支持绿色交易平台发展、倡导绿色生活方式和消费模式等；推进"万企万亿技改工程"；沿江1公里内严禁布局重化工业；培育绿色示范工厂、绿色示范园区

续　表

省份	代表性文件	关键政策及举措
湖南	《绿色湖南建设纲要》《湖南省"十三五"新型工业化发展规划》《湖南省污染防治攻坚战三年行动计划（2018—2020年）》《中共湖南省委关于坚持生态优先绿色发展深入实施长江经济带发展战略大力推动湖南高质量发展的决议》	大力发展先进制造业和高新技术产业等"两型"产业；培育绿色支柱产业；开展绿色工厂、绿色产品、绿色园区、绿色供应链创建和评价；破除无效供给，综合运用市场化、法治化手段，推动水泥、煤炭、烟花、造纸等领域过剩产能退出和落后产能淘汰，着力处置"僵尸企业"
安徽	《安徽省"十三五"工业绿色发展规划》《安徽省绿色制造体系建设实施方案》《安徽省绿色工厂评价管理暂行办法》《实施制造强省和中国制造2025安徽篇2018年工作要点》	节能环保"五个一百"专项行动，即创建100个节能环保生产企业、推广100项节能环保先进技术、发展100种节能环保产品、改造100个节能环保重点项目、创建100个节能环保服务公司；重点行业能效"领跑者"制度；高效节能技术产品推广应用
江西	《推动工业经济和环境保护协调可持续发展》《江西省"十三五"工业绿色发展规划》《江西工业绿色发展三年行动计划（2016—2018年）》	创建绿色工厂、绿色园区；共性关键技术创新；"五河两岸一湖一江"全流域生态保护与治理；严格落实国家"1公里"限制政策；严禁"5公里"范围内新布局工业园区；推行强制性清洁生产审核；实施工业节水改造，加快企业技术改造
江苏	《江苏省"十三五"工业绿色发展规划》《中国制造2025江苏行动纲要》《关于印发江苏省绿色制造体系建设实施方案的通知》	建设"高轻优强绿"特色鲜明的现代工业体系；生产过程清洁化；绿色设计示范企业创建；推进长江经济带生态环境污染治理"4+1"工程；全面推进绿色建筑、绿色建造和生态园林城市建设
上海	《上海市工业绿色发展"十三五"规划》《上海市绿色制造体系建设实施方案（2018—2020年）》	组建长三角绿色制造产业联盟；实施40项节能技改，指导企业开展绿色设计；实现工业绿色发展"双控三优"目标，"双控"即"控总量、控强度"，"三优"即"优结构、优产业、优管理"
浙江	《浙江省绿色制造体系建设实施方案（2018—2020）》	培育创建100个绿色工厂和10个绿色园区，开发绿色产品，建立绿色供应链管理示范企业；实现绿色建筑全覆盖；采取处置一批（"僵尸生产线"），关停一批，入园一批的办法，着力去除低端、无效的供给能力；推进融合发展

上述各地出台的相关政策和关键举措说明各省市对工业绿色技术创新均有足够的重视,在政策上保证了"有法可依""有策可循",然而各省市对于政策的执行效果如何,在一系列政策措施加持下,工业绿色技术创新效率究竟怎样仍需进一步科学评价。

3.3.3 发展成效

本研究主要从专利申请数量的直接成果及经济收益的间接成果两个方面来衡量各省市工业绿色技术创新的成果。专利数量是工业绿色技术创新的直接产出,通过绿色技术研发,产生相应的专利成果。经济收益是工业绿色技术创新的最终要义,即在基础技术研发的基础上实现成果转化,最终转化为新产品并获得新产品销售收入。具体情况见表3-6。

由表3-6可知,发明专利申请数量及新产品销售收入占比排名情况与各省市工业发展基础条件排名类似,江苏排名第一,浙江为第二,贵州、云南排名落后。具体而言,江苏省发明专利数量、新产品销售收入总量和占比均遥遥领先于其他10省市,其发明专利申请数量占比达33.14%,是整个长江经济带的近三分之一,新产品销售收入占比为29.71%,将近30%。浙江省两个比例均超过20%,但与江苏相比仍有较大差距,其中专利数量占比比江苏低了近12个百分点,新产品销售收入占比比江苏低了近8个百分点,可见江苏的领先优势明显。同时,江苏、浙江两个省份的发明专利数量占比及新产品销售收入占比之和分别为54.42%、52.3%,均超过50%,可见江苏、浙江两个下游省份在工业的绿色技术创新成效上明显好于其他省市,地区间差异较大。

表 3-6 2014—2018 年各省市工业发展成效情况及占比

省份	发明专利申请数量年均值/件	新产品销售收入年均值/万元	发明专利申请数量年均值占比	新产品销售收入年均值占比
上海	25 928	89 632 508	0.065 4	0.100 0
江苏	131 381	266 185 848	0.331 4	0.297 1
浙江	84 367	202 404 276	0.212 8	0.225 9
安徽	49 029	73 719 248	0.123 7	0.082 3
江西	14 733	30 641 498	0.037 2	0.034 2
湖北	20 797	68 102 334	0.052 5	0.076 0

续　表

省份	发明专利申请数量年均值/件	新产品销售收入年均值/万元	发明专利申请数量年均值占比	新产品销售收入年均值占比
湖南	20 400	75 921 204	0.051 5	0.084 7
重庆	17 195	45 398 519	0.043 4	0.050 7
四川	23 244	31 815 806	0.058 6	0.035 5
贵州	4 699	5 461 211	0.011 9	0.006 1
云南	4 682	6 794 716	0.011 8	0.007 6

而相比之下，云南、贵州等上游省市的发明专利数量占比不到整体的2%，新产品销售收入占比不到整体的1%，可见云南、贵州两省份在工业绿色技术创新成效上显著落后于其他省市，综合上文各省市的工业基础条件，可以推测云南、贵州的工业绿色技术创新效率可能较低。此外，也应关注专利的成果转化成效，可以发现，上海发明专利申请数量占比为6.54%，安徽发明专利申请数量占比为12.37%，然而上海新产品销售收入占比为10%，安徽则为8.23%，造成这一差异的主要原因为上海对基础研发形成的专利的转化效率更高，专利更多地转化为新产品，收获了较高比例的新产品销售收入。

根据上述分析，可以看出长江经济带11省市在工业发展基础、政策举措、发展成效等方面均具有显著差异，工业基础条件与绿色技术发展成效均呈现出明显的空间梯度分异特征，依据效率的投入产出关系，可以初步推测长江经济带工业绿色技术创新效率也会呈现出明显的时空分异特征，后续将对此作进一步的测量和探索。

第4章 长江经济带工业绿色技术创新效率测量

长江经济带工业绿色技术创新方面的投入、期望产出、环境产出等情况已有详细了解，各省市的工业基础条件、相关政策举措、发展成效等方面亦有初步认识，然而这只是对初始数据的描述统计，仅建立起初步的感性认识，对工业绿色技术创新效率的科学测度还需要借助一定计量工具进行运算。因此，长江经济带工业绿色技术创新效率近年来究竟如何、省域及区域间效率差异怎样等核心问题尚需得到科学解答。

4.1 效率测量的意义与方法

4.1.1 效率测量的意义

工业绿色技术创新效率测量是为了了解长江经济带工业经济发展质量，与传统的创新效率测量不同，工业绿色技术创新效率是在考虑生态环境和能源投入因素前提下，考察工业创新投入和产出关系，更贴切绿色发展的价值内涵。长江经济带自2014年上升为国家战略以来，已经过了7年的发展历程，而工业作为长江经济带的重要产业形态，也是最可能影响长江经济带绿色发展的产业形态，"生态优先，绿色发展"的理念落实贯彻得如何？工业绿色发展质量怎样？这些问题的解答都离不开对长江经济带工业绿色技术创新效率的考量。

对工业绿色技术创新效率进行测量是为了把握当前长江经济带、各区域、各省市的工业绿色技术创新效率的实际情况，了解不足和短板，寻求解决路径，最终是为了提高长江经济带工业经济发展质量、提升绿色创新效率。虽然上文对工业绿色技术创新的各类投入、产出的衡量指标进行了针对性的分析，然而只是对现状的描述性分析，对绿色技术创新效率值的高低尚未进行科学测算，因此不能分辨各省市、区域间的效率分异情况。同时，对工业绿色技术创新效率的评价也是一个明确差距、对比对照的过程。通过效率评价结果，对省市、区域间是否存在差异、差异有多大等重要问题进行有效把握和分析，并针对差异采取相应措施以缩小效率差异，实现长江经济带绿色协调发展，这对相关政府决策、企业创新活动等都有参考和指导价值。

4.1.2 效率测量的方法

关于技术创新效率方法测度最常见的测量方法有随机前沿方法（SFA）和数据包络分析法（DEA）。白俊红、江可申（2009）以中国30个省份20年间的数据为样本，通过SFA模型测算出中国各区域的创新效率，结果发现目前效率水平普遍较低，且产、学、研间联系会在一定程度上降低创新效率。王锐淇、彭良涛（2010）运用SFA对中国区域技术创新效率进行了测度，发现随着时间发展各地区技术创新效率呈上升趋势。

由于随机前沿模型（SFA）自身存在较多限制，更多学者倾向于用数据包络分析（DEA）方法进行效率测算。任耀、牛冲槐、牛彤（2014）通过建立DEA-RAM模型对陕西省绿色技术创新效率进行测算，并进一步分析各地区差异。郭建平、常菁（2018）运用传统DEA模型，构建投入产出指标，采用2016年广东、江苏、湖北、浙江、安徽、北京、上海、山东8省市不同技术领域的高新技术企业的相关数据，对综合效率、纯技术效率及规模效率进行评价。冷雄辉、张丛煌（2015）同样采用传统DEA模型中的CCR、BCC模型，对比分析了江西省创新性企业创新投入产出的相对效率，发现了创新型企业持续创新效率的差距。由上述文献梳理可知，目前关于效率评价的方法主要集中于传统的DEA模型。DEA作为一种非参数方法，是运筹学和数理经济学交叉的一个新领域，在处理投入产出方面的研究上应用得较为广泛。

数据包络分析法又叫DEA法，最初由Farrel（1957）提出，这种方法比较简单客观，并未涉及各指标量纲的处理，所以能够在一定程度上消除主观因素造成的差异。1978年，著名的运筹学家查恩斯（Charnes）等提出运用投入、产出数据建立非参数经济数学模型来评价决策单元的技术及规模的综合效率TE，此模型就是CCR模型。综合效率是指以最小的投入获得一定效果产出的能力，是包括纯技术效率和规模效率的综合效率。假设有n个决策单元DMU，每个决策单元有m种投入和s种产出，其中第j个决策单元DMU$_j$的投入、产出用向量可分别记为$\boldsymbol{X}_j = [X_{1j}, \cdots, X_{mj}]^T$, $\boldsymbol{Y}_j = [Y_{1j}, \cdots, Y_{sj}]^T$。为方便计算，通过适当变换，并引进非阿基米德无穷小量ε，构成具有非阿基米德无穷小量ε的CCR模型，它的对偶线性规划问题模型为：

$$\min[\theta - \varepsilon(e^- S^- + e^+ S^+)]$$

$$\sum_{j=1}^{n}\beta_j x_j + S^- = \theta x_0$$

$$\sum_{j=1}^{n}\beta_j y_j - S^+ = y_0$$

$$\beta_j \geqslant 0$$

$$S^- \geqslant 0, \ S^+ \geqslant 0, \ \theta \ 无约束 \qquad (4-1)$$

上式中，θ，β_j 均为对偶变量，m 维单位向量 $e^- = (1, 1, \cdots, 1) \in E_m$，$s$ 维单位向量 $e^+ = (1, 1, \cdots, 1) \in E_s$，$s^-$、$s^+$ 为松弛变量。假设问题（4-1）的最优解为 β^*，s^{*-}，s^{*+}，θ^*，我们可以得出如下结论：

若 θ^* 值为 1，但至少某个输入或者输出松弛变量大于 0，此时决策单元 DMU_{j0} 为弱 DEA 有效，它不是同时达到技术有效和规模有效。

若 θ^* 值为 1，且 $S^{*-}=0$，$S^{*+}=0$，则决策单元 DMU_{j0} 为 DEA 有效，此时同时达到技术有效和规模有效。

若 θ^* 值小于 1，决策单元 DMU_{j0} 不是 DEA 有效，此时既非技术效率最佳也非规模效率最佳。

此外，利用 CCR 模型中 β_j 值来判别 DMU 的规模收益情况。假设有条件 β_j^* 使得 $\sum_{j=1}^{n}\beta_j^* = 1$ 成立，我们认为 DMU 为规模效益不变；假设此条件不存在，则当 $\sum_{j=1}^{n}\beta_j^* < 1$ 时，DMU 被认为是规模效益递增，当 $\sum_{j=1}^{n}\beta_j^* > 1$ 时，DMU 则为规模效益递减。

CCR 模型常被学者们用来对 DMU 的技术及规模的综合效率进行评价，但无法对纯技术效率的相关问题进行区分。基于此，1984 年班克（Banker）、查内什（Charnesh）和库珀（Cooper）提出了可对决策单元的纯技术效率进行计算的规模效率可变模型，即 BCC 模型，在 CCR 模型的基础上引入规模可变条件，主要通过它来构成不同 DEA 模型的数据包络面，因而得出 DMU 的纯技术效率。纯技术因素主要是指技术和管理水平，是影响企业综合效率的重要因素。BCC 模型只需在（4-1）式中加入 $\sum_{j=1}^{n}\beta_j = 1$ 的约束条件即可得到，即：

$$\min[\theta - \varepsilon(e^- S^- + e^+ S^+)]$$

$$\sum_{j=1}^{n}\beta_j x_j + s^- = \theta x_0$$

$$\sum_{j=1}^{n}\beta_j y_j - s^+ = y_0$$

$$\sum_{j=1}^{n}\beta_j = 1$$

$$s^- \geqslant 0, \ s^+ \geqslant 0, \ \beta_j \geqslant 0 \qquad (4-2)$$

需要注意的是，BCC 模型是在对 CCR 模型计算的基础上进行的分析，用以确定是否为纯技术有效。由于综合效率是纯技术效率和规模效率的乘积，因此结合 CCR 模型求得的综合效率值，可以计算出规模效率值。

4.2 测量模型选择

4.2.1 SBM 模型

由于上述传统的 DEA 模型是基于期望产出角度，没有将非期望产出考虑在内，易造成对效率的过高估计。同时，传统 DEA 模型为径向的、角度的，对无效率程度测度只包含了投入或产出的同比例变动，未考虑松弛改进部分，会给测算结果造成一定误差，而非径向、非角度的 SBM 模型则能够较好地解决这一问题，从而测度出较为精准的结果。因此，根据研究需要，本研究将环境产出即非期望产出纳入指标范围，在工业范畴内综合考虑投入、产出、污染三者间的关系，构建工业绿色技术创新效率的 SBM 评价模型如下：

$$\min \rho^* = \frac{1 - \frac{1}{m}\sum_{i=1}^{m}\frac{s_i^-}{x_{i0}}}{1 + \frac{1}{s_1 + s_2}\left(\sum_{i=1}^{s_1}\frac{s_r^j}{y_{r0}^j} + \sum_{r=1}^{s_2}\frac{s_r^k}{u_{r0}^k}\right)}$$

$$\begin{cases} x_0 = X\lambda + s^- \\ y_0^j = Y^j\lambda - s^j \\ u_0^k = U^k\lambda - s^k \\ \lambda \geqslant 0, s^- \geqslant 0, s^k \geqslant 0, s^j \geqslant 0 \end{cases} \quad (4\text{-}3)$$

(4-3) 式中，s 表示松弛变量取值，λ 表示权重，x、y^j、u^k 分别为投入、期望产出及非期望产出，s^-、s^j、s^k 分别为投入、期望产出、非期望产出的松弛变量值。ρ^* 为工业绿色技术创新效率值，其取值范围为 [0, 1]。当 $\rho^* = 1$，$s^- = 0$，$s^j = 0$，$s^k = 0$ 时为模型有效状态；若 $\rho^* < 1$，则评价单元无效。

4.2.2 全局 Malmquist 指数

SBM 模型只能测算出静态绿色技术创新效率值，无法度量动态演化趋势，并且无法进行效率分解以明晰影响效率值的具体因素，Malmquist 指数模型较好地解决了这一问题。Malmquist 指数由斯特恩·马姆奎（Sten Malmquist）

于 1953 年正式提出，1982 年卡夫（Caves）将其应用于效率的评价与分析上，随后法勒（Fare）等人将其跟 DEA 模型结合进行实践应用，此后 Malmquist 指数被广泛应用于工业、医药、金融、生态环境等领域的效率分析。全局参比 Malmquist 指数模型是由帕斯特尔（Pastor）与洛弗尔（Lovell）提出的一种 Malmquist 指数测算方法，它的不同之处在于以所有各期的总和作为参考集，避免了不能满足传递性和线性规划无可行解的缺陷。Malmquist 生产率一般利用距离函数的比率来计算。即：

$$MPI = M_g(x_i^{t+1}, y_i^{t+1}, x_i^t, y_i^t)$$
$$= \left[\frac{D_i^t(x_i^t, y_i^t)}{D_i^t(x_i^{t+1}, y_i^{t+1})} \times \frac{D_i^{t+1}(x_i^t, y_i^t)}{D_i^{t+1}(x_i^{t+1}, y_i^{t+1})} \right]^{\frac{1}{2}} \quad (4\text{-}4)$$

（4-4）式中，x_i^t、y_i^t 表示第 i 个省市在第 t 期的投入指标和产出指标，$D_i^t(x_i^t, y_i^t)$ 为距离函数，表示用第 t 期的技术表示第（$t+1$）期的效率水平。若 MPI（MI）值大于 1，则说明省市绿色全要素生产率提高；若 MPI（MI）值小于 1，说明绿色全要素生产率下降。同时，Malmquist 指数可分解为效率变化 EC 和技术变化 TC，MPI＝EC×TC。

4.3 指标选取

根据全面性、科学性以及数据的可获得性等原则，本研究借鉴绿色技术创新的有关研究，构建了评价工业绿色技术创新效率的指标体系，如表 4-1 所示。

（1）投入指标。投入指标一般分为人力及财力投入，已有研究表明 R&D 人员全时当量（X_1）和 R&D 经费内部支出（X_2）能够充分表明一个地区的创新规模及潜力，是一个地区创新投入能力的全面体现。同时，本研究将能源消费量（X_3）作为投入之一，能源投入是指将煤炭、电力、天然气等能源统一折算为标准煤，可以显示绿色技术创新的能源消耗，力求用较少的能源消耗获得较高的绿色产出，契合本研究主题。

（2）期望产出指标。产出指标分为期望产出和非期望产出，即"好"产出和"坏"产出。期望产出主要选取发明专利申请数（Y_1）、新产品开发项目数（Y_2）和新产品销售收入（Y_3），这三个指标能够较好体现绿色技术创新的研发效果以及经济收益。

（3）非期望产出指标。在非期望产出指标的构建上，存在三种常见的解决方案：一是选取工业"三废"的原始数值或单一的 CO_2 排放量；二是将工业"三废"转化为与单位工业增加值的比值表征污染排放强度；三是将工业"三废"或"六废"通过熵值法等方法转化为统一的环境污染指数。工业"三废"原始值可以更直观地显现工业发展带来的环境污染，因此本研究选取工业废水排放量（Z_1）、工业二氧化硫排放量（Z_2）、工业固体废弃物产生量（Z_3）作为非期望产出指标。需要说明的是，在工业废气的处理上，云南、贵州等省份披露工业主要产生的 SO_2、氮氧化物和烟（粉）尘排放量三类有害气体，而其他省份则以整体工业废气排放量（除以上三类废气外，还包括氟化物、CO_2 等有害气体）为披露方式，为消除统计口径不一带来的研究误差，借鉴已有研究，统一采用 SO_2 排放量作为衡量工业废气的指标。

表 4-1 工业绿色技术创新效率评价指标体系

变量名称		指标名称	指标说明
投入指标	X_1	R&D人员全时当量/人	各省市工业 R&D 活动的人力投入
	X_2	R&D经费内部支出/万元	各省市工业 R&D 活动的经费投入
	X_3	能源消费量/万 tce	各省市工业发展的能源消耗
期望产出	Y_1	发明专利申请数/件	各省市绿色技术创新的间接产出即专利数
	Y_2	新产品开发项目数/项	各省市新产品开发项目数量
	Y_3	新产品销售收入/万元	各省市绿色技术创新的直接经济产出
非期望产出	Z_1	工业废水排放量/万 t	各省市工业"三废"排放量或产生量
	Z_2	工业二氧化硫排放量/万 t	
	Z_3	工业固体废弃物产生量/万 t	

4.4 数据来源

2014 年召开的中央经济工作会议上首次明确提出要重点实施长江经济带、京津冀协同发展和"一带一路"三大战略。由此，本研究选择 2014 年为研究起点，评价工业绿色技术创新效率的各项指标以及影响因素数据均来源于 2015—2019 年的《中国统计年鉴》《中国科技统计年鉴》《中国能源统计年鉴》《中国环境统计年鉴》、各省（市）统计年鉴以及长江经济带大数据平台，呈现的实为 2014—2018 年数据。此外，江西、贵州两省在 2019 年统计年鉴中未披露 2018 年的能源消费量数据，安徽、四川两省未披露 2018 年的工业三废数据，对这些少量缺失数据本研究采用学界常用的线性插值法对原始数据进行补齐。在使用线性插值法时，本研究将 2012、2013 年的相关数据纳入考虑范围，已知数据较多更能保证插值法所补充的数据的准确性。所有效率评价指标的原始数据将在研究报告的附录中呈现。

4.5 实证结果与分析

4.5.1 描述性统计

对各变量的描述统计如表 4-2 所示，分别呈现主要指标的均值、标准差、最大值与最小值等结果。由表 4-2 可知，长江经济带沿线 11 省市各指标数据间的差异较大，这在第 3 章中已有详细介绍，可以初步推测 11 省市的工业绿色技术创新效率也可能具有明显差异，后续研究将进行实证分析，弄清各省市的差异情况。

表 4-2 各变量描述性统计

变量	均值	标准差	最大值	最小值
R&D 人员全时当量/人	115 428	14 346	455 530	11 811
R&D 经费内部支出/万元	4 724 308	680 188	40 478 000	315 079
能源消费量/万 tce	12 728	627	24 066	4 577
发明专利申请数/件	29 714	3 872	165 096	1 891
新产品开发项目数/项	18 395	2 446	87 445	1 512
新产品销售收入/万元	73 781 787	8 479 989	285 790 192	3 683 200
工业废水排放量/万 t	70 993	5 963	236 094	16 400
工业二氧化硫排放量/万 t	42.55	2.64	95.92	0.99
工业固体废弃物产生量/万 t	8 628	490	17 711	1 630

4.5.2 相关系数

应用数据包络模型进行效率测算时，各个投入指标与产出指标（本研究指期望产出指标）需满足同向性条件。为全面考察投入与产出间的关联度，运用 SPSS23 软件对各指标进行 Pearson 相关分析，得到各指标间的相关系数矩阵。由表 4-3 可以看出，投入指标与期望产出指标的相关系数均为正数，满足同向性要求，并且均达到了 1% 的显著性水平，这说明投入指标与期望产出指标之间存在显著的正相关关系，增加投入会带来期望产出的增加。总体而言，各投入产出指标间的相关性合理，可以进行更深入的分析。

表 4-3 各变量间 Pearson 相关系数矩阵

	X_1	X_2	X_3	Y_1	Y_2	Y_3
X_1	1					
X_2	0.683***	1				
X_3	0.759***	0.393***	1			
Y_1	0.907***	0.626***	0.691***	1		
Y_2	0.971***	0.658***	0.727***	0.883***	1	
Y_3	0.978***	0.710***	0.668***	0.878***	0.956***	1

注：***表示在 0.01 级别（双尾），相关性显著。**表示在 0.05 级别（双尾），相关性显著。

4.5.3 绿色技术创新效率静态结果

运用 MaxDEA Pro 软件，测算出长江经济带沿线 11 省市 2014—2018 年的工业绿色技术创新效率。以地理区位将 11 省市划分为上、中、下游三个区域，上游分别为云贵川渝 4 省（市），中游分别为鄂湘皖赣 4 省，下游分别为苏沪浙 3 省（市）。每一年的具体效率值及排名情况综合汇总为表 4-4。上中下游的绿色技术创新效率变化情况如图 4-1 所示。

表 4-4 2014—2018 年长江经济带沿线省市工业绿色技术创新效率分布

区域	省份	效率值					均值
		2014	2015	2016	2017	2018	
上游	云南	0.356	0.344	0.523	0.397	0.348	0.394
	贵州	0.316	0.296	0.331	0.316	0.329	0.318
	四川	1.000	0.468	0.418	0.427	0.432	0.549
	重庆	1.000	1.000	1.000	1.000	0.598	0.920
	均值	0.668	0.527	0.568	0.535	0.427	0.545

续 表

区域	省份	效率值 2014	2015	2016	2017	2018	均值
中游	湖北	0.394	0.470	0.467	0.464	0.519	0.463
	湖南	0.688	0.665	0.652	0.508	0.527	0.608
	安徽	1.000	1.000	1.000	1.000	1.000	1.000
	江西	0.426	0.425	1.000	1.000	0.674	0.705
	均值	0.627	0.640	0.780	0.743	0.680	0.694
下游	江苏	1.000	1.000	1.000	0.757	1.000	0.951
	上海	1.000	1.000	1.000	1.000	1.000	1.000
	浙江	1.000	1.000	1.000	1.000	1.000	1.000
	均值	1.000	1.000	1.000	0.919	1.000	0.984
整体	均值	0.744	0.697	0.763	0.715	0.675	0.719

	2014	2015	2016	2017	2018
上游	0.668	0.527	0.568	0.535	0.427
中游	0.627	0.640	0.780	0.743	0.680
下游	1.000	1.000	1.000	0.919	1.000
整体	0.744	0.697	0.763	0.715	0.719

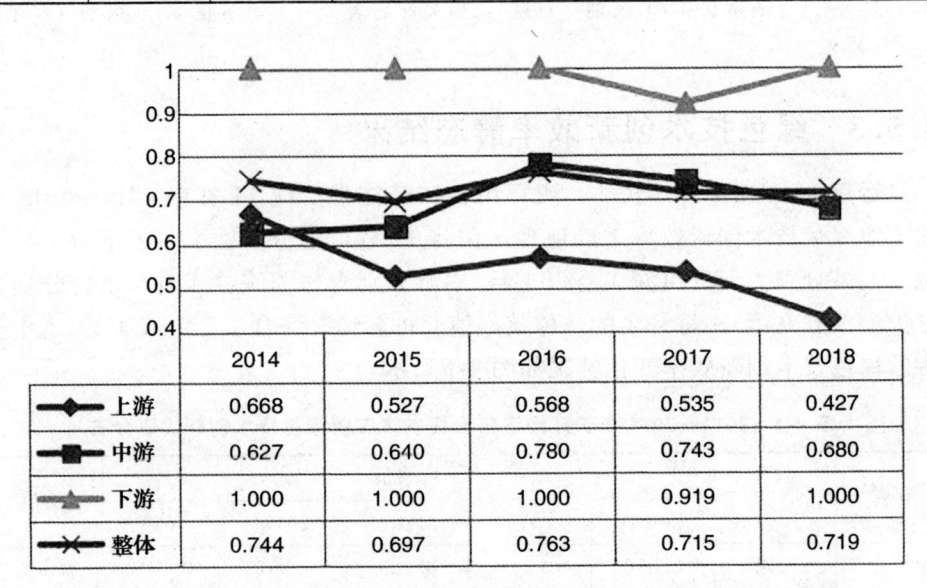

图 4-1 2014—2018 年长江经济带各区域工业绿色技术创新效率均值分布

首先，整体效率分析。2014—2018 年长江经济带工业绿色技术创新效率均值由 0.744 小幅波动下降为 0.675，各年效率值均小于 1，未达到 SBM 模型设定的有效要求。借鉴以往学者的研究，效率值可分为五类情况：效率值为1，高效率；效率值0.8~1，较高效率；效率值0.5~0.8，一般效率；效率值0.2~0.5，较低效率；效率值低于0.2，低效率。因此整体上2014—2018年长江经济带工业绿色技术创新效率值处于0.675~0.763之间，波动变化平缓，为一般效率水平。

其次，从区域角度来看，综合表4-4与图4-1可知，下游地区效率均值5年间基本上处在包络前沿上，效率值排名始终处在前列，高于中上游地区。中上游地区间效率差异相对较小，中游地区略高于上游地区。区域间整体呈下、中、上游效率值逐级递减趋势。这一现象与现实情境有关：首先，长江经济带下游地区一直是我国经济水平最高的地区，在政策、经济、文化、技术、教育等方面长期领先于中上游地区。其次，下游地区集约型经济与中上游地区粗放型经济发展模式的显著差别，造成中上游地区绿色发展水平落后于下游地区。从区域效率值的变化来看，2014—2018年上中下游的效率变化不一。下游地区5年来效率值较为稳定，除2017年效率均值小于1之外，其余年份效率均值均为1。上游地区效率值呈明显的波动下降态势，由2014年的0.668下降为2018年的0.427。中游地区具有波动变化趋势，2016年是效率值的拐点，2014—2016年效率值逐年上升，2016—2018年效率值逐年下降，但总体效率有小幅提高，由2014年的0.627提高至2018年的0.680。

最后，从省域角度来看，根据5年来工业绿色技术创新效率均值高低进行分类和对比分析，可以看出11个省市的绿色技术创新效率差异较大。其中，高效率省份（效率值=1）为浙江、上海、安徽；较高效率省份（效率值0.8~1）为重庆、江苏；一般效率省份（0.5~0.8）有四川、湖南、江西；较低效率省份（0.2~0.5）为云南、贵州、湖北。总体来看，基本遵循经济发展水平越高则工业绿色技术创新效率越高的规律，但实际上，经济发展水平只是影响绿色技术创新效率的重要影响因素之一，环境规制水平、科技创新环境、市场竞争环境、地区对外开放水平、外资依存度等均是不可忽视的重要因素。

4.5.4 Malmquist指数动态分解

Malmquist指数利于勾勒出工业绿色技术创新效率的动态演化趋势，并且将全要素生产率分解为效率变化和技术变化，利于明确影响效率值的具体因素。将2014—2018年长江经济带相关数据代入MaxDEA Pro软件进行计算，得到2014—2018年长江经济带绿色技术创新效率的Malmquist指数及分解结果，展现了5年来长江经济带工业绿色全要素生产率的变化。其中，EC代表工业绿色技术效率变化指数，TC 代表工业绿色技术进步变化指数，MI 代表 Malmquist 指数，即绿色全要素生产率，MI 指数值为效率变化指数与技术进步变化指数的乘积。具体见表 4-5。

表 4-5 长江经济带工业绿色技术创新效率动态变化的 MI 指数及分解

区域	省份	2014—2015 MI	EC	TC	2015—2016 MI	EC	TC	2016—2017 MI	EC	TC	2017—2018 MI	EC	TC
上游	云南	0.958	0.966	0.992	1.307	1.521	0.859	0.788	0.758	1.039	1.133	0.877	1.291
	贵州	0.890	0.936	0.951	1.154	1.117	1.033	0.837	0.956	0.876	1.273	1.041	1.223
	四川	0.824	0.468	1.761	0.963	0.894	1.078	0.849	1.022	0.830	1.271	1.011	1.257
	重庆	1.498	1.000	1.498	1.000	1.000	1.000	1.000	1.000	1.000	0.598	0.598	1.000
中游	安徽	1.000	1.000	1.000	1.000	1.000	1.000	1.000	1.000	1.000	1.000	1.000	1.000
	湖北	0.962	1.194	0.806	1.107	0.993	1.115	0.986	0.994	0.992	1.302	1.120	1.163
	湖南	1.000	0.967	1.035	1.144	0.981	1.165	0.752	0.779	0.966	1.136	1.036	1.096
	江西	0.978	0.998	0.979	1.452	2.350	0.618	1.835	1.000	1.835	0.674	0.674	1.000
下游	江苏	0.975	1.000	0.975	1.108	1.000	1.108	0.694	0.757	0.916	1.853	1.320	1.404
	上海	0.642	1.000	0.642	1.558	1.000	1.558	1.000	1.000	1.000	1.000	1.000	1.000
	浙江	1.100	1.000	1.100	1.000	1.000	1.000	0.626	1.000	0.626	1.598	1.000	1.598
均值	整体	0.984	0.957	1.067	1.163	1.169	1.049	0.942	0.933	1.007	1.167	0.971	1.185
	上游	1.043	0.842	1.301	1.106	1.133	0.993	0.869	0.934	0.936	1.069	0.882	1.193
	中游	0.985	1.040	0.955	1.176	1.331	0.975	1.143	0.943	1.198	1.028	0.958	1.065
	下游	0.906	1.000	0.906	1.222	1.000	1.222	0.773	0.919	0.847	1.484	1.107	1.334

由表 4-5 可知，第一，从整体上看，长江经济带全要素绿色生产率 MI 指数 2015—2016 年、2017—2018 年大于 1，2014—2015 年、2016—2017 年小于 1，这表明整体上绿色全要素生产率呈波动上升趋势，由 2014—2015 年的 0.984 上升为 2017—2018 年的 1.167。具体来看，2014—2015 年 MI 指数为 0.984，说明全要素绿色生产率较上年下降了 1.6%，下降幅度较小。本阶段 EC 值为 0.957，效率降低 4.3%；TC 值为 1.067，技术进步了 6.7%。2015—2016 年 MI 指数为 1.163，表明生产率提升了 16.3%，本阶段技术创新效率提高了 16.9%，技术进步了 4.9%，相较而言效率提升幅度高于技术进步变化。2016—2017 年 MI 指数为 0.942，表明全要素生产率下降了 5.8%，其中技术效率降低 6.7%，技术进步提高了 0.7%，这说明绿色效率的下降直接导致了

第 4 章　长江经济带工业绿色技术创新效率测量

生产率的下降，绿色技术进步对整体生产率的影响尚不明显。2017—2018 年 MI 指数为 1.167，生产率提高了 16.7%，本区间 EC 值为 0.954，效率下降 4.6%，TC 值为 1.185，技术进步了 18.5%，表明本区间绿色全要素生产率的提高是绿色技术的进步而推动的。综上所述，长江经济带 2014—2018 年工业绿色全要素生产率呈波动上升趋势，受到技术变化和效率变化的双重影响。

第二，从区域 MI 指数分布来看，如图 4-2 所示，就变化趋势而言，上下游及整体均值的波动趋势大致相同，呈现"升－降－升"的变化格局，都在 2015—2016 年度区间出现明显的上升波动，而在 2016—2017 年度区间出现较大幅度的下降，2017—2018 年度区间出现上升，其中，下游上升幅度较大。中游地区在 2015—2016 年 MI 均值达到最高值，其间呈上升态势，而在 2016—2018 年间，却呈下降趋势。从 MI 平均增速来看，上中下游 2014—2018 年的平均增速分别为 2.2%、8.3%、9.6%，由此可见 MI 指数均值平均增速与绿色技术创新效率值的区域分布一致，呈上中下游逐级递增的梯度格局。

	2014—2015	2015—2016	2016—2017	2017—2018
上游	1.043	1.106	0.869	1.069
中游	0.985	1.176	1.143	1.028
下游	0.906	1.222	0.773	1.484
整体	0.984	1.163	0.942	0.971

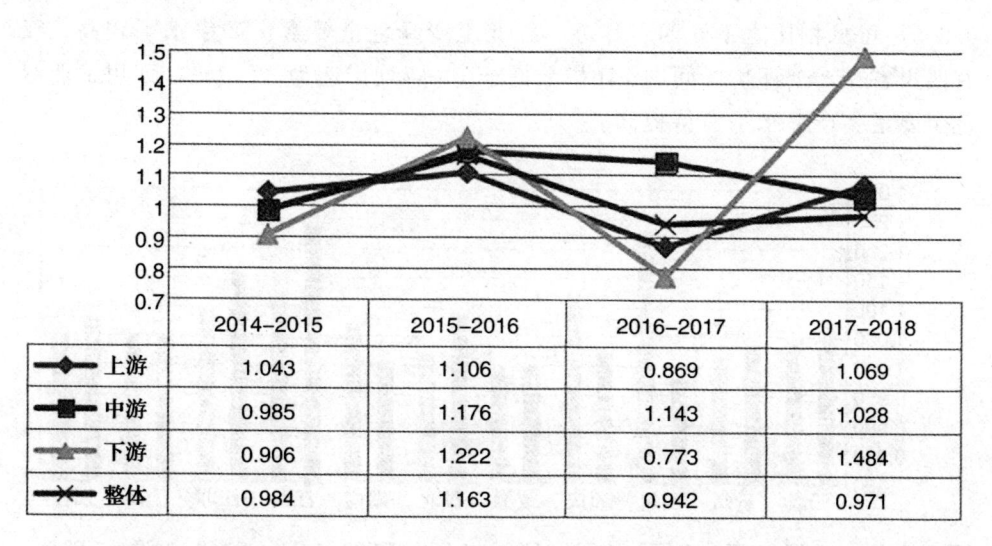

图 4-2　2014—2018 年长江经济带各区域绿色技术创新 MI 指数分布

通过对区域 MI 指数分解发现，上游地区 2014—2018 年间技术创新效率变化分别为 -15.8%、13.3%、6.6%、-11.8%，而技术变化分别为 30.1%、-0.7%、-6.4%、19.3%，技术创新效率平均增速为 -1.93%，技术进步平均增速为 10.58%。中游地区 2014—2018 年技术创新效率变化分别为 4%、33.1%、-5.7%、-4.2%，而技术变化分别为 -4.5%、-2.5%、19.8%、

6.5%，技术创新效率平均增速为6.8%，技术进步平均增速为4.83%。下游地区2014—2018年技术创新效率变化分别为0、0、-8.1%、10.7%，技术变化分别为-9.4%、22.2%、-15.3%、33.4%，技术创新效率平均增速为0.65%，技术进步平均增速为7.73%。可见，上游地区技术进步最明显，其次为下游和中游；中游地区技术创新效率平均增速最快，其次为下游和上游。总体上，技术创新进步增速快于技术效率增速。

第三，从省际MI指数分析，如图4-3所示，云南、贵州、重庆、湖北、湖南、江西、江苏、上海、浙江9个省市MI指数均值大于1，占比81.8%，其中江西提升最快，提升23.5%，其次为江苏，提升15.8%，其余7省市提升幅度相对较小，均不超过10%。安徽MI均值等于1，说明其工业绿色全要素生产率保持不变。而四川省MI指数均值小于1，占比9.1%，下降2.3%。可见，各省市工业绿色全要素生产率MI指数呈明显的时空分异特征。在4个评价区间内（见表4-5），江西、江苏、湖北、云南、贵州、湖南均有2次MI指数高于1，年均增速分别为23.5%、15.8%、8.9%、4.7%、3.9%、0.8%，可见相比之下江西、江苏、湖北工业绿色全要素生产率水平较高；仅有四川省在3个评价区间内MI指数低于1，年均增速为-2.3%，四川工业绿色全要素生产率水平有待提高。

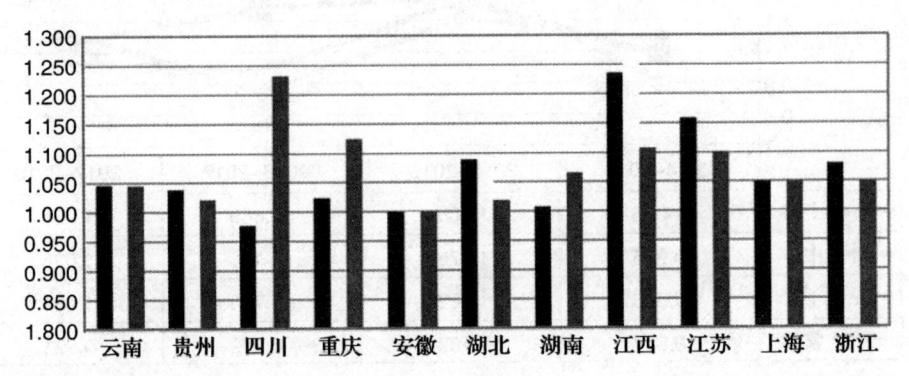

	云南	贵州	四川	重庆	安徽	湖北	湖南	江西	江苏	上海	浙江
MI均值	1.047	1.039	0.977	1.024	1.000	1.089	1.008	1.235	1.158	1.050	1.081
EC均值	1.031	1.013	0.853	0.890	1.000	1.075	0.941	1.256	1.019	1.000	1.000
TC均值	1.045	1.021	1.232	1.125	1.000	0.019	1.066	1.108	1.101	1.050	1.050

图4-3 2014—2018年长江经济带11省市MI、EC、TC均值分布图

通过对省际MI指数分解发现，2014—2018年间技术创新效率实现增长的省份有江西、湖北、云南、江苏、贵州，年均增长率分别为25.6%、7.5%、

3.1%、1.9%、1.3%，安徽、上海、浙江技术创新效率保持不变，而四川、重庆、湖南为负增长，分别为-14.7%、-11%、-5.9%；技术变化指数增长的省份有四川、重庆、江西、江苏、湖南、上海、浙江、云南、贵州、湖北，年均增长率为23.2%、12.5%、10.8%、10.1%、6.6%、5%、5%、4.5%、2.1%、1.9%，安徽技术变化指数为1，技术变化保持不变，无技术变化指数负增长的省市。

因此，总体上看，9个省市的工业绿色全要素生产率实现了增长，1个省保持不变，1个省下降；5个省市的技术创新效率实现了增长，3个保持为有效值1，3个省市为负增长；10个省市实现了技术进步，1个省保持不变。江西、江苏、湖北的工业绿色全要素生产率较高，江西、湖北的工业绿色技术创新效率进步较快，四川、重庆、江西的技术进步最明显。

4.6 本章小结

本章从投入、期望产出和非期望产出三个角度构建长江经济带工业绿色技术创新效率评价指标体系，运用2014—2018年11省市的面板数据，基于SBM-Malmquist指数模型科学测度长江经济带工业绿色技术创新效率，并对其进行分解，明确其动态演化趋势。

（1）静态分析结果表明，从纵向来看，2014—2018年长江经济带绿色技术创新效率均值分别为0.744、0.697、0.763、0.715、0.675，均小于1，整体绿色技术创新效率为一般水平，且波动变化平缓；从横向来看，2014—2018年长江经济带上中下游绿色技术创新效率均值分别为0.545、0.694、0.984，各区域间差异大，下游地区效率值显著高于中上游，上中下游效率均值呈逐级递增趋势。

（2）动态分解结果表明，4个评价区间的MI指数均值分别为0.984、1.163、0.942、1.167，2015—2016年、2017—2018年两个区间MI指数均值大于1，整体上工业绿色全要素生产率呈波动上升趋势，绿色全要素生产率受到效率变化和技术变化的双重影响；从全要素生产率的年度平均增速来看，亦呈上中下游逐级递增的梯度格局。

第 5 章 长江经济带工业绿色技术创新效率的影响因素分析

科学测量长江经济带工业绿色技术创新效率并掌握了其基本状况，即长江经济带工业绿色技术创新效率总体处于一般水平，省域、区域间差异明显，呈现上中下游逐级递增的梯度格局。那么，究竟是哪些主要因素影响了工业绿色技术创新效率？本章将对工业绿色技术创新效率的影响因素进行实证分析，以期为后续影响机制、创新能力和效率的提升策略研究提供理论基础。

5.1 影响因素分析的意义及方法

5.1.1 影响因素分析的意义

影响因素分析是判断结果指标与其影响因素关系的一种分析方法，该方法依据遴选出的主要影响因素，从数量上确定各影响因素变动对结果指标的影响方向及影响程度。对影响长江经济带工业绿色技术创新效率的因素进行分析，一方面，通过弄清影响因素类别和影响程度，有助于政府更有针对性地出台相关政策举措，促进长江经济带工业绿色技术创新效率的提升，促进区域间工业绿色技术的交流和融合，缩小区域差距，推动长江经济带工业绿色技术创新的协同发展；另一方面，工业企业作为绿色技术创新的主体，明确绿色技术创新效率的影响因素将有利于企业在制定绿色发展战略时精准施策，降低工业企业在转型升级过程中的风险，可推进企业绿色发展、产业转型的步伐。

5.1.2 影响因素分析的方法

关于影响因素的研究方式及方法，较为常见的大致有三大类，具体阐释如下：

第一，通过因子命名方式确定影响因素。数据来源主要是调查问卷，通过探索性因子分析、因子旋转等方法提取公共因子，并对公共因子进行重新命名以确立影响因素。张帆、邱冰（2014）对南京主城区的城市开放空间满意度进行了研究，通过收集541份问卷，基于因子提取和因子得分排序，最后得到三个主成分并分别命名为感知度、活力度、需求度，基于以上主成分的影响因素，研究发现可根据三类因素将城市的开放空间划分为人文景观型、交通便利型和日常生活型。李志龙、王迪云（2020）对武陵山片区的旅游生态效率的影响因素进行探究，构建影响因子分析模型，结果表明研究要素受经济因子影响较大，生态环境因素影响较小；经济因子对经济较为发达地区影响弱于欠发达地区，生态因子对经济较发达地区影响强于欠发达地区。陆正华、李瑞娜（2013）利用因子分析提取广东省21个地级市的大中型工业企业研发效率的影响因素，发现研发效率区域差异主要来源于物质资本、人力资本和自然资本的影响。

第二，通过构建少数几个变量间的理论模型，通过中介、调节或相关计量模型来检验变量间的影响机制和影响程度。例如，苗苗、苏远东（2019）以融资约束为中介变量，探究环境规制对企业技术创新的影响，最终结果表明融资约束起到显著的部分中介作用，环境规制对企业技术创新能力有显著促进效应。邢丽云、俞会新（2019）在绿色动态能力的调节作用下探究环境规制对企业绿色创新的影响，研究发现环境规制对企业绿色产品创新和工艺创新均具有正向影响，绿色动态能力在其中正向调节环境规制与企业绿色创新的作用关系。郭捷、杨立成（2020）基于中国内地31省市的面板数据，探究了环境规制、政府研发资助与绿色技术创新间的直接影响效应和交互效应，研究发现环境规制与政府研发资助均对绿色技术创新有显著正向影响，两者的互补耦合更利于促进绿色技术创新水平的提升。钱丽、王文平（2019）重点探究了产权性质、技术差距与高技术企业创新效率间的关系，研究在两阶段价值链的理论支撑下，运用动态GMM模型探究创新效率的影响因素。

第三，借助Tobit等计量模型研究整体的影响因素。吴传清、黄磊（2017）对长江经济带技术创新效率的影响因素进行探究，运用面板Tobit模型进行分析，研究结果表明企业自主创新、产业高级化、政府有效干预、社会充分投入等因素是提升技术创新效率的主要因素。代碧波、孙东生（2012）对我国制造业技术创新效率的影响因素进行了有益探索，运用OLS回归分析，发现技术创新效率受到市场结构、企业规模、企业所有制等因素的影响。张立杰、梁锦凯（2019）对我国丝绸之路经济带沿线省市的高技术产业创新效率的影响因素进行了研究，Tobit模型分析结论显示劳动者素质、技术积累是技术研发效率的关键因素，企业自主创新、企业规模、政府支持等因素能够显著提升转化效率。樊华、周德群（2012）在测度中国省域科技创新效率后，运用Tobit模型考察了工业结构、对外开放程度、教育发展水平以及政府影响力对科技创新效率的影响。

综上所述，通过对三种影响因素分析模式的适用条件及优缺点进行考量后，发现第一类通过因子命名方式进行影响因素研究的文献虽相对较多，但其数据主要来源于问卷调查，数据类型相当于截面数据，不适合面板数据的研究。由于本研究采用的数据为长江经济带2014—2018年的面板数据，数据来源于相关统计年鉴，因此不能采用第一种方式进行影响因素分析。另外，本章研究目的是要探讨影响工业绿色技术创新效率的主要因素，并非考察因素之间的影响机制，第二种分析模式也不适于本章的分析。因此，出于对影响因素分析相对完整性的考虑，选择第三种方式进行影响因素的探究较为合适。然而，对于区域经济发展而言，空间效应往往起到不容忽视的作用，而Tobit模型却无法纳入考虑空间集聚效应，因此本研究在影响因素的分析上，主要采用契合性更好的空间计量模型展开研究。

5.2 研究模型选择

5.2.1 全局莫兰指数

判断工业绿色技术创新效率是否具有空间相关性是进行空间计量分析的基础。通过SBM模型计算出长江经济带各省市工业绿色技术创新效率后，进一步选用全局莫兰指数（Moran's I）对其空间相关性进行检验。其计算公式为：

$$I = \frac{\sum_{i=1}^{n}\sum_{j=1}^{n}w_{ij}(Y_i - \bar{Y})(Y_j - \bar{Y})}{S^2 \sum_{i=1}^{n}\sum_{j=1}^{n}w_{ij}} \quad (5-1)$$

（5-1）式中，S^2为样本方差，N为长江经济带省市总数（在本研究中为11个省市），Y_i为第i个省市的观测值，W_{ij}为不同单元i和j的空间权重矩阵，当i和j相邻时，$W_{ij}=1$；当i和j不相邻，$W_{ij}=0$。具体公式如下。

$$W_{ij} = \begin{cases} 1, & 经济单元 ij 相邻 \\ 0, & 经济带元 ij 不相邻 \end{cases} \quad (5-2)$$

全局莫兰指数的取值范围为[-1, 1]，指数大于0，说明存在空间自正相关性，取值越接近于1，空间集聚度越高；指数小于0，则表明空间相邻的单元具有分散性，取值越接近于－1，各单元的分散程度越大；若取值为 0，空间则服从随机分布。

5.2.2 空间杜宾模型

若全局莫兰指数显示长江经济带工业绿色技术创新效率呈现明显的空间相关性，则不可采用不考虑空间效应的模型进行影响因素分析，需要采用空间计量模型。一般而言，空间计量模型包括空间滞后模型（SLM）、空间误差模型（SEM）以及空间杜宾模型（SDM）三种，而与 SLM、SEM 模型相比，SDM 模型包括了自变量及因变量的双重空间相关性，具有更好的拟合效果。因此本研究采用空间杜宾模型对长江经济带工业绿色技术创新效率的影响因素进行探究。其公式为：

$$Y = \rho WY + X\beta + WX\theta + \varepsilon \tag{5-3}$$

（5-3）式中，Y 为工业绿色技术创新效率，ρ 为空间相关系数，X 为影响因素，WX 为影响因素与权重矩阵的交互项，表征外生交互效应，β、θ 为估计系数，ε 为模型随机扰动项。

5.3 变量选取与测量

（1）被解释变量：工业绿色技术创新效率。即第 4 章中 SBM 模型计算得出的工业绿色技术创新效率数值。

（2）解释变量。根据已有研究成果，绿色技术创新效率主要受到经济发展水平、城镇化水平、地区对外开放程度、环境规制强度、地区科技创新环境、市场竞争环境、产业结构、外资依存度等多方面的影响。鉴于此，本研究从以上 8 个方面分析对工业绿色技术创新效率的影响及差别。各变量的具体说明如下：

①经济发展水平。区域经济水平是工业绿色技术进步与发展的物质基础，影响着工业绿色技术创新效率的提升和发展空间。一般而言，区域经济发达程度越高，对环境的保护力度越大，绿色发展需求越迫切，而工业是绿色发展的主要承担产业，因此经济水平的提升往往伴随工业绿色技术的改进和技术创新效率的提升。采用各省份历年 GDP 总量作为经济发展水平的代理变量。

②对外开放程度。较高程度的对外开放一方面利于强化比较优势，优化资源配置，改善投入产出关系，提高技术创新效率；另一方面，利于通过技术溢

出带动各工业企业的技术进步。同时，对外开放程度提高预示着产品出口的增加，这会带来较高资源消耗，加剧工业的环境污染。将地区进出口贸易总额与地区生产总值 GDP 的比值作为代理变量，比值越大代表对外开放程度越高。

③外资依存度。外商直接投资是外资依存度的重要衡量标准。外商直接投资往往会加剧当地的市场竞争，会对工业企业产生一定的激励作用，迫使当地企业加大研发投入，提高技术水平。一方面，由于外资企业一般拥有较先进的清洁设备及生产水平，便于通过技术溢出机制促进绿色技术效率的提升；另一方面，部分外资企业倾向于将污染密集型产业通过外商直接投资的形式转移到发展中国家或地区，易对本地环境产生负向影响。采用外商直接投资总额与 GDP 的比值作为代理变量。

④环境规制强度。关于环境规制与科技创新的关系，有两种代表性观点：一是环境规制在提高社会总效应的同时也会增加工业企业的生产运营成本，使其技术创新受到抑制，且企业倾向于将有限研发经费投入到更易见到经济效益的领域，降低了企业绿色技术创新的意愿。二是从动态发展角度看，环境规制虽然会导致规制成本，但科技创新具有补偿功能，能抵消企业成本的增加，甚至为企业带来技术创新的红利。选择用 GDP/能源消费总量作为环境规制的代理变量，随着 GDP/能源消费总量比值的提高，说明单位 GDP 能耗在逐渐下降。

⑤科技创新环境。从基础研发到成果转化，再到最后投产利用，每个环节均离不开科技创新环境的支持。地方政府对科技创新的支持能够有效促进工业企业绿色技术研发的积极性，引导企业开展绿色创新活动，提高企业绿色创新能力。采用地区财政科技支出与一般预算支出的比值作为代理变量。

⑥产业结构。地区产业结构的优化实质上是劳动、资本、技术、人才等要素的重新配置，表现为从生产率低、污染严重的产业逐渐转移到技术创新为主、生产率高的清洁型产业。在这一转化过程中，地区产业集中度不断提高，催生技术溢出效应，有利于实现资源的优化配置和改善整体环境质量，对推动提升当地绿色技术创新效率有积极作用。采用工业增加值占 GDP 的比重作为代理变量。

⑦市场竞争环境。在良性市场竞争环境下，随着工业企业数量的增加，各企业为保持自身的竞争优势，会加大技术和产品的创新力度，重新考虑研发投入产出关系，这对于促进绿色技术创新效率有积极作用。然而，不良市场竞争环境亦会对整体的创新效率产生抑制作用。采用规模以上工业企业数量作为代理变量。

⑧城镇化水平。城镇化水平高往往预示着当地有更为完善的城市管理体系和更为健全的工业污染防治体系。城镇化水平高的地区经济发展水平亦发达，对专业型、技术型人才有更强的吸引力，这对于推动当地政府及企业开展绿色技术创新活动，提升绿色技术创新效率有积极作用。用城镇人口数量占总人口的比重表征城镇化水平。

各解释变量间若存在明显的多重共线性，最终实证结果的准确性将受到影响。通过 Stata 软件对各解释变量间的多重共线性进行检验，结果显示经济发展水平、城镇化水平、环境规制强度 3 个变量的方差膨胀因子（VIF 值）大于10，说明这 3 个变量与其他解释变量之间存在严重的多重共线性，予以剔除。其余 5 个变量的 VIF 值均小于 5，不存在多重共线性问题。影响因素变量具体定义及 VIF 值见表 5-1。

表 5-1 影响因素变量定义及多重共线性诊断

变量	简称	变量解释	VIF
地区对外开放程度/%	Trade	地区进出口贸易总额/GDP	2.46
外资依存度/%	FDI	外商直接投资总额/GDP	3.92
科技创新环境/%	TIE	财政科技支出/一般预算支出	2.42
产业结构/%	IS	工业增加值/GDP	2.74
市场竞争环境/个	MCE	工业企业个数	3.43

5.4 空间分布及空间相关性分析

5.4.1 工业绿色技术创新效率空间分布

为进一步研究长江经济带工业绿色技术创新效率的时空分异情况，将2014—2018 年分为 3 个年度节点，分别绘制 2014、2016、2018 年 11 省市工业绿色技术创新效率的分位图，可以呈现效率的动态变化及空间分布情况，如图 5-1 所示，图中颜色越深代表效率越高。

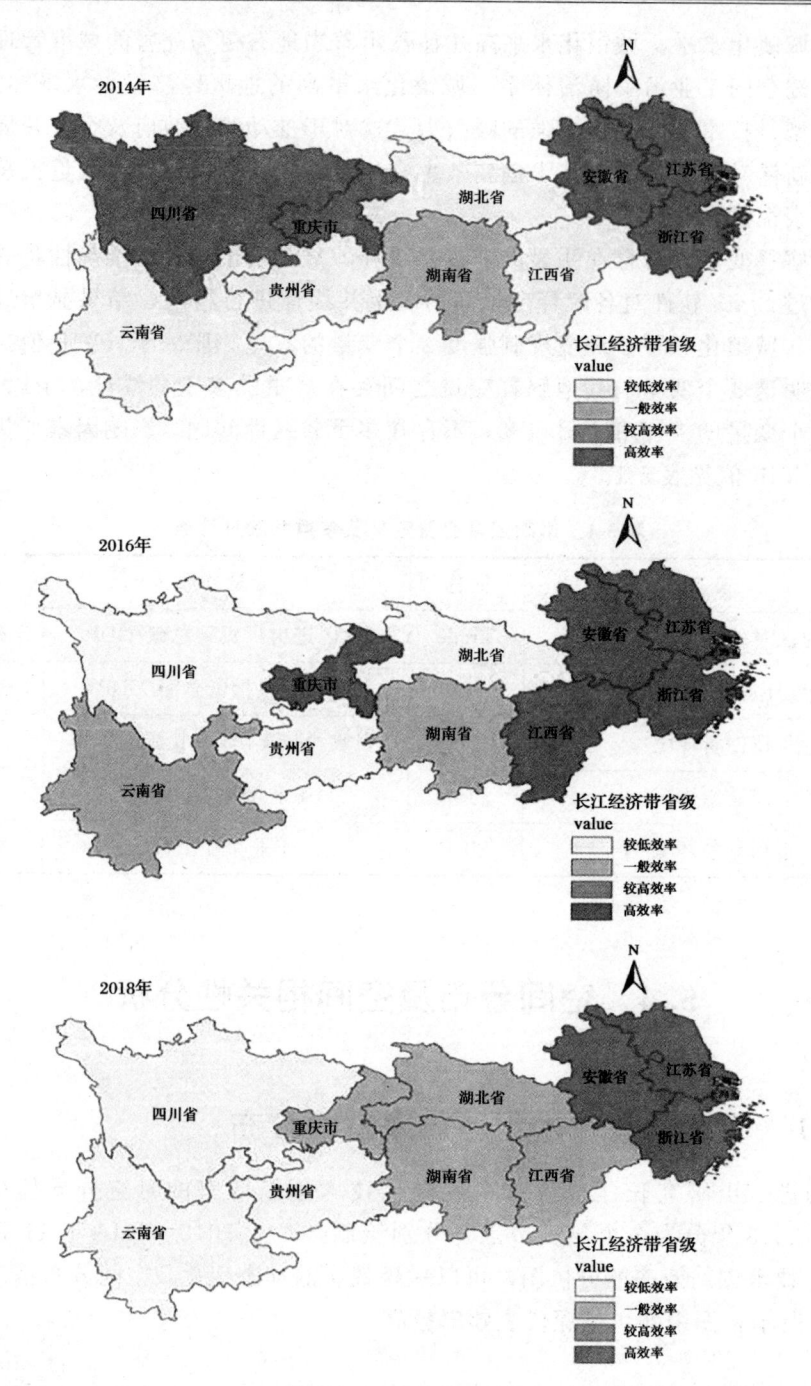

图 5-1 2014、2016、2018 年长江经济带工业绿色技术创新效率均值分布图

从图5-1可以看出，整体上随着时间的变化，长江经济带工业绿色技术创新效率发展的不均衡现象有所改善，较低效率的省份由2014年的4个降为2016、2018年的3个；一般效率的省份由2014年的1个上升为2016年的2个，到2018年继续上升为4个，呈现出均衡化的发展态势，各省市间的差距在缩小。从地区角度看，上游云南、贵州等省份效率值基本处于较低或一般阶段，四川省、重庆市效率出现下降；中游安徽省一直处于高效率阶段，江西、湖北两省均有明显进步，湖南发展较为稳定；下游3省（市）效率值高，且发展稳定，始终维持在高效率水平。同时，对比2014、2016、2018年的工业绿色技术创新效率分布，可以体现出效率在空间上的集聚性逐步明显，尤其2018年的分布凸显出明显的空间集聚特征，相邻省市的效率水平更为接近，后续将对这一现象做进一步研究。

5.4.2 空间相关性分析

基于上述工业绿色技术创新效率的测度和时空变化的分析，运用Stata15.1软件，根据行标准化后的0—1邻接矩阵，计算2014—2018年工业绿色技术创新效率的全局莫兰指数，进而探究地区间工业绿色技术创新效率的空间相关性以及是否具备空间集聚特征。具体见表5-2。

表5-2 2014—2018年长江经济带工业绿色技术创新效率全局莫兰指数

时间	Moran's I	P值	Z值	sd(I)
2014	0.052	0.480	0.707	0.215
2015	0.305	0.061	1.876	0.216
2016	0.340	0.040	2.057	0.214
2017	0.302	0.063	1.863	0.216
2018	0.732	0.000	3.912	0.213
整体	0.414	0.016	2.420	0.212

由表5-2可知，2014年莫兰指数$I=0.052$，$p=0.480$，未通过显著性检验；2015（$I=0.305$，$p=0.061$）、2016（$I=0.340$，$p=0.040$）、2017（$I=0.302$，$p=0.063$）、2018（$I=0.732$，$p=0.000$）年莫兰指数均通过显著性检验，且指数值均大于0。同时，将2014—2018年作为一个整体的年度区间，其莫兰指数值为0.414，P值在5%的情况下显著，整体空间相关性亦显著。

这说明随着时间的变化，在全局角度上长江经济带工业绿色技术创新效率并非是相互隔离、随机分布的，而是逐渐呈现出明显的空间自正相关性，并在 2018 年达到本研究年度区间的最高值，具有明显的空间集聚特征，即地理邻近省份的绿色技术创新效率相对集聚，工业绿色技术创新水平相近。造成此种因时间变化而呈现空间相关性差距的原因可能是随着国家、地区相关政策的推行，各区域、各省份间协同发展水平不断提高，地区间交流、合作加强，从而导致绿色技术创新效率的空间集聚特征越发明显。

5.5 影响因素分析

5.5.1 模型对比与选择

如前文所述，长江经济带工业绿色技术创新效率整体水平一般，且波动变化平缓，究竟是何原因造成这一结果将成为研究的重点。莫兰指数的测算结果表明工业绿色技术创新效率具有空间相关性，因此采用空间计量模型进行影响因素分析较为合理。为防止数据极值和异方差对估计结果产生影响，本研究对所有解释变量原始数据取自然对数予以规避。首先，为进一步验证空间杜宾模型的优越性，将未考虑空间效应的普通混合面板 OLS 模型以及考虑空间效应的空间误差模型（SEM）、空间滞后模型（SLM）的回归结果均予以呈现。由表 5-3 可知，空间杜宾模型（SDM）在四类模型中，解释变量影响的显著性水平更优，模型拟合优度 R^2 最大，为 0.767，且对数似然值 $\log L$ 在三种空间计量模型中最高，空间相关系数 ρ 或 λ 也仅在 SDM 模型下显著，因此可以判断空间杜宾模型为相对最优模型。

表 5-3 四类面板回归模型比较

变量	OLS 模型		空间杜宾模型（SDM）		空间误差模型（SEM）		空间滞后模型（SLM）	
	系数	p 值	系数	p 值	系数	p 值	系数	p 值
ln Trade	1.923*	0.099	5.842***	0.000	1.412	0.229	1.534	0.168
ln FDI	−0.127*	0.083	−0.085	0.354	−0.087	0.368	−0.088	0.334
ln TIE	0.143**	0.013	0.007	0.893	0.135	0.060	0.105	0.124
ln IS	−0.327	0.649	−4.291***	0.000	−0.388	0.637	−0.490	0.532

续　表

变量	OLS模型		空间杜宾模型(SDM)		空间误差模型(SEM)		空间滞后模型(SLM)	
	系数	p值	系数	p值	系数	p值	系数	p值
ln MCE	−0.311***	0.000	−0.181**	0.015	−0.316***	0.002	−0.285***	0.003
_cons	3.693	0.000	3.124*	0.065	3.637***	0.000	3.678***	0.000
W_ln Trade			−6.246**	0.011				
W_ln FDI			0.700***	0.003				
W_TIE			−0.499***	0.002				
W_ln IS			−2.075	0.315				
W_ln MCE			0.193	0.357				
ρ/λ			−0.334*	0.065	0.065	0.749	−0.201	0.279
R^2	0.562		0.767		0.598		0.610	
log L			35.401		23.273		23.806	

注：***表示$p<0.01$，**表示$p<0.05$，*表示$p<0.1$。

5.5.2　SDM模型估计结果

首先，对空间杜宾模型进行Hausman检验，判断计量模型应选择随机效应还是固定效应，结果显示Hausman检验结果为10.92，显著性系数为0.053，在10%的情况下通过显著性检验，因此拒绝Hausman检验随机效应的原假设，故选择固定效应下的空间杜宾模型。固定效应模型分为空间固定、时间固定和空间时间双固定三种模型，本研究将三种固定效应模型进行对比，以选择最合适的模型进行影响因素分析。

从表5-4可以看出，空间杜宾双固定模型的R^2和对数似然值log L均优于其他两种固定效应模型，sigma^{2}均通过显著性检验，因此选择双固定效应下空间杜宾模型的结果解释影响因素较为适合。此外，外生交互效应方面（其他地区解释变量对本地区绿色技术创新效率的影响，即空间溢出效应），在三种固定效应下，对外开放水平、外资依存度的外生交互系数均为正，科技创新环境的外生交互影响均为负向，而产业结构、市场竞争环境的外生交互影响方向有所差异，这是因固定效应类别不同形成的正常化差异，不影响本研究结论。

表 5-4 空间杜宾模型检验结果

变量	空间杜宾模型（SDM）					
	空间固定	p 值	时间固定	p 值	双固定	p 值
ln Trade	−0.409	0.874	8.857***	0.000	6.663*	0.069
ln FDI	−0.230	0.249	−0.057	0.326	−0.245	0.179
ln TIE	0.919	0.279	−0.038	0.300	0.166**	0.022
ln IS	−0.356***	0.004	−6.806***	0.000	−4.773***	0.000
ln MCE	0.164	0.588	−0.254***	0.000	−0.081	0.795
W_ln Trade	2.572	0.635	4.605	0.118	19.715**	0.030
W_ln FDI	0.358	0.300	0.741***	0.000	0.374	0.356
W_TIE	−0.514***	0.002	−0.204*	0.057	−0.186	0.255
W_ln IS	0.589	0.844	−9.531***	0.000	−4.513	0.138
W_ln MCE	1.108**	0.017	−0.380***	0.000	−0.202	0.768
ρ	−0.187	0.325	−0.839***	0.000	−0.634***	0.000
R^2	0.413		0.605		0.752	
log L	52.941		46.947		61.483	

注：***表示 $p<0.01$，**表示 $p<0.05$，*表示 $p<0.1$

（1）空间杜宾双固定效应下的模型系数 ρ 值为−0.634，且具有 1% 的显著性水平。由于本研究采用的空间计量模型主要基于空间邻接矩阵，这说明地理相邻对长江经济带工业绿色技术创新效率产生了显著的负向影响。可能的原因是：长江经济带各省市对工业绿色技术、人才及资金等资源的激烈竞争，阻碍了绿色技术创新效率的提高；各地方政府对核心绿色技术和资源的地方保护主义影响了绿色技术创新的溢出；此外，从地区角度来看绿色技术创新效率的空间集聚存在一定的不平衡性，例如下游地区省市呈现出效率"高—高"集聚的特征，而上中游省市"低—低"集聚特征随时序变化愈发明显，这表明上中游省市的地理相邻可能阻碍了其效率的提升，甚至可能对效率产生明显的负向影响，未来长江经济带一体化协同发展力度有待进一步加强，需扩大高效率地区的辐射作用。

（2）科技创新环境在 5% 的水平上显著为正，系数为 0.166，成为促进绿色技术创新效率的重要因素，这表明地方政府在科技领域的财政支出显著提高了地区的绿色技术创新效率水平。地方政府对科技创新的重视在优化整体创新环境的同时也激发了各工业企业绿色技术研发的积极性，进而有效提升了绿色技术创新效率。

（3）对外开放程度在10%的水平下显著为正，系数为6.663。这说明开放程度的提高对工业绿色技术创新效率的提升产生了明显的积极作用。地方进出口贸易促进了区域经济的发展，也促进了当地政府部门及民众对绿色技术的关注和重视；开放程度的提高也有利于当地企业利用外部资源，开展合作与交流，以改进自身的生产、清洁等技术，提升绿色技术创新效率。

（4）产业结构在1%的水平下显著为负，估计系数为-4.773。即工业增加值占GDP比重每上升1%，长江经济带工业绿色技术创新效率会下降4.773%，不良的产业结构成为阻碍绿色技术创新效率提升的重要因素。造成这一结果的原因可能是：一方面，长江经济带沿线聚集了超过全国40%的工业总量，工业增加值比重的增加自然会加重对环境的污染，从而抑制了绿色发展；另一方面，长江经济带产业结构的转型升级还处于进行过程中，加上区域之间差异较大，上中游区域工业的集约化程度与下游地区存在较大差距，这在一定程度上也导致了整体的工业绿色技术创新效率偏低。

（5）外资依存度与绿色技术创新效率的关系不显著，系数为-0.245。本研究采用FDI表征外资依存度，已有研究表明FDI对地区环境可能会形成"污染天堂"效应。由于国外环境规制政策相对严厉，国外部分企业为了降低环保成本可能将污染严重、能耗高、附加值低的生产制造转移到我国。长江经济带工业总量大，工业企业数量多，加上外资企业涌入，加重了地区的环境压力，在一定程度上可能阻碍整体绿色技术创新效率的提升。

（6）市场竞争环境与绿色技术创新效率的关系不显著，系数为-0.081。这表明长江经济带工业企业间可能存在一定程度的不良竞争，对绿色技术创新效率产生了一定的负向影响，但此种影响尚不显著。为防止此负效应的扩大，政府应加以引导，优化营商氛围，营造良好的市场竞争环境。

5.5.3 稳健性检验

本研究进一步引入地理距离空间权重矩阵对SDM模型估计结果进行稳健性检验，采用地理距离矩阵可将地理距离相近但不相邻省市间的影响考虑在内。在进行稳健性检验前，应首先验证在地理距离空间权重矩阵下绿色技术创新效率是否依然具有空间集聚特征，若集聚特征消失或不明显则不适宜继续进行空间计量分析。基于行标准化后的地理距离空间权重矩阵，2016和2017年全局莫兰指数值分别为0.132（$p=0.238$）、0.068（$p=0.397$），p值不显著；2014、2015、2018年全局莫兰指数值分别为0.243（$p=0.082$）、0.258（$p=$

0.071)、0.623（$p=0.000$），均具有较高显著水平；将 2014—2018 年作为整体的全局莫兰指数值为 0.324（$p=0.030$），可见空间集聚特征整体依然存在，可以继续地理距离空间权重矩阵下的计量分析。基于地理距离矩阵下的莫兰指数值见表 5-5。

表 5-5 2014—2018 年长江经济带工业绿色技术创新效率全局莫兰指数（地理距离矩阵）

时间	Moran's I	P 值	Z 值	sd（I）
2014	0.243	0.082	1.740	0.197
2015	0.258	0.071	1.808	0.198
2016	0.132	0.238	1.180	0.197
2017	0.068	0.397	0.847	0.198
2018	0.623	0.000	3.696	0.196
整体	0.324	0.030	2.172	0.195

表 5-6 为基于地理距离空间权重矩阵的双固定效应下 SDM 模型的估计结果。此时 SDM 模型的空间相关系数为 -0.742，通过 1% 的显著性水平，与上文结论基本一致。估计系数与基于邻接矩阵的双固定 SDM 模型的估计系数大小略有差异，但影响方向均未发生根本变化，这表明研究结果具有稳健性。

表 5-6 基于地理距离空间权重矩阵的双固定 SDM 模型估计结果

ln Trade	ln FDI	ln TIE	ln IS	ln MCE	ρ	sigma^2	R^2	log L
13.701***	-0.039	0.389	-1.816*	-0.385	-0.742***	0.004***	0.225	66.896

注：***表示 $p<0.01$，**表示 $p<0.05$，*表示 $p<0.1$

5.6 本章小结

本章通过采集 2014—2018 年间 11 省市的面板数据，运用空间分位图、全局莫兰指数、空间杜宾模型对长江经济带工业绿色技术创新效率进行了时空分异特征研究、空间集聚特征分析、影响因素探讨，主要结论如下：

其一，在时空分异特征方面。2014—2018 年长江经济带工业绿色技术创新效率各区域、省域间存在较大差异。其中，中游进步最大，下游发展稳定，上游有退步趋势；从时空演变来看，11 省市间的效率差异呈缩小趋势。

第5章　长江经济带工业绿色技术创新效率的影响因素分析

其二，在空间集聚特征方面。除2014年长江经济带在全局上空间相关性不显著外，2015—2018年全局莫兰指数均呈显著正相关，随着时序发展，长江经济带工业绿色技术创新效率表现出明显的空间集聚特征，但空间杜宾模型系数表明，地理相邻对工业绿色技术创新效率有显著负向影响。

其三，在影响因素方面。在剔除掉具有严重多重共线性的部分解释变量后，对外开放程度、科技创新环境显著正向影响绿色技术创新效率；而产业结构显著负向影响绿色技术创新效率；外资依存度、市场竞争环境对工业绿色技术创新效率有负向影响，但不显著。

本研究着重分析了长江经济带工业绿色技术创新效率的影响因素，然而这些因素与工业绿色技术创新效率间的影响机理尚不明晰。对影响机制分析有利于进一步梳理各影响因素与效率间的内在传导机制，有利于更具针对性地提出工业绿色技术创新效率的提升对策。

第6章 机制1：环境规制、FDI与工业绿色技术创新效率

6.1 引　　言

　　作为我国新时期重大区域发展战略支撑带，长江经济带以其独特优势及巨大发展潜力已成为具有国际影响力的内河经济带和对内对外开放带。长江经济带11省市经济总量及规模以上工业增加值均占全国的一半左右，在我国经济版图中占有举足轻重的地位。工业作为长江经济带主要的产业形态，产业占比达40%，正处于高速发展期。然而，工业"三废"污染物的高比例排放对环境造成了极大危害，始终是威胁长江经济带经济、生态可持续发展的重要因素。由此，提高绿色技术创新水平和绿色经济比例已成为长江经济带工业高质量发展的必然选择。绿色技术创新本身具有高投入、高风险和双重外部性特点，易削弱工业企业的创新动力，可能阻碍整体创新效率的提升，探究工业绿色技术创新效率的内在驱动因素显得尤为重要。

　　仅依靠市场难以解决环境污染、生态破坏等负外部性问题，需要政府采取必要的调控措施对企业经济行为进行引导和干预。近年来，国家高度重视长江经济带绿色发展，相继制定并实施了一系列环境规制政策，以约束企业行为，控制污染排放，科学合理的环境规制有助于经济与环境实现平衡发展。同时，在构建国内国际"双循环"新发展格局的背景下，外资作为"外循环"经济的重要组成部分，为长江经济带经济发展做出了突出贡献，其外资利用总额占全国比例已将近50%。但在日益复杂的国际环境影响下，国内经济发展的不确定性增加，经济发展速度趋缓，工业增加值和外资利用规模也出现了同比下降。鉴于此，在经济发展向"双循环"战略转变的当口，研究长江经济带环境规制、外商直接投资（FDI）对工业绿色技术创新效率的影响机制，对政府调整环境规制力度、合理利用外资、提升工业企业绿色可持续竞争优势具有明显的现实价值。

6.2 文献回顾与研究假设

6.2.1 环境规制与工业绿色技术创新效率

工业绿色技术创新基于经济效益和环境效益的两维视角，是指不以环境为代价的增加工业企业绿色含量的系列创新活动，其效率探讨的是在创新活动中所需的投入要素与最终产出要素间的比率问题。关于环境规制与绿色技术创新效率的关系大致有三种观点：一是支持"波特假说"，即环境规制可以促进绿色技术创新效率。岳鸿飞（2018）对我国30个省市的绿色技术创新效率进行测算，研究发现行政型环境规制与市场型环境规制均对绿色技术创新效率产生显著正向作用。陈斌（2020）运用两阶段网络DEA模型测算我国绿色技术创新效率，实证验证了环境规制对绿色技术创新效率的促进作用。二是反对"波特假说"，即环境规制抑制了绿色技术创新效率。Marcus Wagner（2015）和Junice Madalo（2016）认为环境规制迫使企业改变生产工艺和流程并开展兼顾提升经济效益和控制污染双重目标的技术改造，造成企业成本增加，妨碍了企业绿色技术创新效率的提升。高萍（2018）也证实环境规制对绿色技术创新效率高和低的区域均有显著抑制作用。三是环境规制与绿色技术创新效率间存在非线性关系。张峰（2019）以中国30个省份的先进制造业为研究对象，发现正式与非正式环境规制对其绿色技术创新效率的影响都存在单一门槛效应，分别呈现U型与倒U型关系。根据已有研究可以发现，环境规制与绿色技术创新效率间的关系尚无明确定论。本研究认为从长远动态角度而言，环境规制水平的提高可以倒逼工业企业进行绿色技术创新，促使企业行为符合环境规制政策的要求，从而可能对工业绿色技术创新效率具有积极影响，故提出如下假设：

H1：环境规制促进工业绿色技术创新效率提升。

6.2.2 环境规制与外商直接投资

现有文献表明，有关环境规制对外商直接投资的影响结论并不一致。一是环境规制促进外商直接投资的流入。史青（2013）基于政府廉洁视角，制定了环境规制内生的假设条件，通过面板数据实证分析指出较为宽松的环境规制政策对外商直接投资有显著的吸引效应，促进了外商直接投资的流入。二是环境规制抑制了外商直接投资。张栋浩（2019）运用1998—2007年中国工业企业的面板数据，实证研究发现环境规制与外资规模间存在显著负向关系，即加强环境规制会抑制本地区外资的流入。陈刚（2009）通过实证研究也发现中国的环境规制对外商直接投资的流入产生了显著的负向影响。三是环境规制与外商直接投资存在非确定性关系，认为环境规制并非是影响外商直接投资的主要因素。由此可见，环境规制与外商直接投资间的关系亦相悖不一。本研究认为：一方面，虽然长江经济带环境规制水平在提高，但与发达国家相比，差距较大，整体上仍处于较低水平，而低程度环境规制对外商直接投资易产生吸引效应；另一方面，长江经济带11省市的外资均以外商独资方式为主，大多省市占比超过60%，而我国对外商独资企业的市场准入有更为严格的环保标准，因此对倾向于遵守环境规制的外商独资企业影响较小，环境规制的抑制作用有限，综合而言，提出如下假设：

H2：环境规制促进外商直接投资的增长。

6.2.3 外商直接投资与工业绿色技术创新效率

外商直接投资与绿色技术创新效率间的关系有"污染天堂"和"污染光环"两种假说。第一，支持"污染天堂"假说，即外商直接投资抑制绿色技术创新效率。肖权（2020）对我国30个省市的绿色技术创新效率进行测度，并验证得出外商直接投资虽对本地绿色技术创新效率具有提升作用，但空间溢出效应显著为负，总体呈现"污染天堂"效应。第二，支持"污染光环"假说。钱丽（2015）基于共同前沿理论，研究发现外商投资对绿色技术创新效率的第一阶段即科技研发效率具有积极影响。第三，外商直接投资与绿色技术创新效率具有非线性关系。更细致地，部分学者认为两种假说并非完全无法调和，指出外商直接投资对当地环境的影响会通过规模效应、结构效应和技术效应三种渠道产生（盛斌、吕越，2012）。本研究认为，外商直接投资在得到环境规制高门槛的准入条件后，将会涌入一批环保型的优质外资，质量较高的外商直接投资易产生"污染光环"效应，对环境产生积极影响，最终提升工业绿色技术创新效率。故提出如下假设：

H3：外商直接投资促进工业绿色技术创新效率的提升。

6.2.4 外商直接投资的中介效应和门槛效应

一方面，合理的环境规制可以通过技术标准、环境税费、绿色产品认证、自愿披露协议等方式提高外资准入门槛，对外资进行筛选，进而将高污染高耗能等劣质外资阻挡在地区之外，筛选出适合本地区绿色可持续发展的优质外资。筛选出的环保清洁型优质外资不仅能够改善地区原有的资本要素条件，推动科学先进生产链的引入并推广，而且利于优质外资企业带来国外先进的清洁生产技术及绿色管理理念，从而发挥外商直接投资的示范效应和技术溢出效应。在此基础上，当地的工业企业可以与这些优质外资企业进行技术、知识和信息的共享，使本地企业发挥学习效应，从而推进整体工业企业大力开展绿色技术创新活动，达到提升绿色技术创新效率的目的。综上，本研究认为环境规制可以通过外商直接投资而对工业绿色技术创新效率产生影响，提出假设如下：

H4：外商直接投资在环境规制与工业绿色技术创新效率间起显著的中介作用。

另一方面，愈来愈多研究显示环境规制与绿色技术创新效率间的关系并非是一成不变的，而是会在受到其他因素影响后呈现较为复杂的非线性关系。外商直接投资若发挥明显的中介效应，其规模的合理性将对环境规制与工业绿色技术创新效率间的关系产生重要影响。基于此，本研究继续将外商直接投资作为门槛变量，目的在于探究外商直接投资是否存在分段门槛值，在不同的门槛区间内，环境规制对工业绿色技术创新效率的影响关系是否存在差异，这有助于把握外商直接投资规模的合理性、科学精准发挥其中介作用。由此，提出如下假设：

H5：外商直接投资在环境规制与工业绿色技术创新效率关系中起显著的门槛效应。

6.3 变量、模型与数据

6.3.1 变量选取与测量

被解释变量：工业绿色技术创新效率（GTIE）。即第 4 章中测算得出的工业绿色技术创新效率值。

核心解释变量：环境规制（ER）。选择用 GDP/能源消费总量作为环境规制的代理变量，该指标利于度量政府在环境规制政策实施后所获得的真正效果，随着 GDP/能源消费总量比值的提高，说明单位 GDP 能耗在逐渐下降，反映环境规制越严格，节能减排的绿色成效越明显。

中介变量及门槛变量：外商直接投资（FDI）。长江经济带是我国重要的经济增长极，巨大的发展潜力对外资具有较大吸引力。根据《中国统计年鉴》以及各省市统计年鉴中关于长江经济带省际数据的披露实际，本研究选取FDI的存量数据进行分析，可以较为准确地关注FDI的长期效应，从而有效避免流量数据所带来的短期波动风险。采用各省市每年的实际利用外商投资额作为代理变量。

控制变量。包括：（1）科技创新环境（TIE），一个地区的创新发展离不开当地科技创新环境的支撑，一般而言，科技创新环境越好，地区的创新活力越足，采用政府财政支出中的科技支出与一般预算支出间的比率进行衡量；（2）市场竞争环境（MCE），在市场机制下竞争长期存在，健康合理的竞争氛围可以激发企业的创新潜力以获得更高的市场份额，不良的市场竞争容易引发恶性竞争，侵蚀已有的创新成果，采用规上工业企业数量作为代理变量；（3）对外开放程度（Trade），对外开放水平提高，国内国际间的绿色技术得以交流共享，从而产生技术溢出效应，推动绿色技术创新；然而也容易导致劣质外资的流入，对本国环境造成不良影响，降低绿色技术创新效率，采用对外进出口贸易总额/GDP作为衡量指标；（4）产业结构（IS），产业结构的升级优化表现为资源的重新配置，合理的产业结构对推动环境质量改善、提升绿色技术创新效率有正向作用，采用工业增加值/GDP进行衡量。

6.3.2 模型构建

首先，依据中介效应的检验方法，在加入相应控制变量后，分为三步进行多层次回归，具体设置检验模型如下：

$$\ln \text{GTIE} = \beta_0 + \beta_1 \ln \text{ER} + \beta_2 \ln \text{TIE} + \beta_3 \ln \text{MCE} + \beta_4 \ln \text{Trade} + \beta_5 \ln \text{IS} + \varepsilon_1 \tag{6-1}$$

$$\ln \text{FDI} = \gamma_0 + \gamma_1 \ln \text{ER} + \gamma_2 \ln \text{TIE} + \gamma_3 \ln \text{MCE} + \gamma_4 \ln \text{Trade} + \gamma_5 \ln \text{IS} + \varepsilon_2 \tag{6-2}$$

$$\ln \text{GTIE} = \delta_0 + \delta_1 \ln \text{FDI} + \delta_2 \ln \text{ER} + \delta_3 \ln \text{TIE} + \delta_4 \ln \text{MCE} + \delta_5 \ln \text{Trade} + \delta_6 \ln \text{IS} + \varepsilon_3 \tag{6-3}$$

上述方程组中，ER、FDI、GTIE分别表示解释变量环境规制、中介变量外商直接投资、被解释变量工业绿色技术创新效率；TIE、MCE、Trade、IS为控制变量，分别表示科技创新环境、市场竞争环境、对外开放程度、产业结构；β、γ、δ分别表示三个方程式中常数项或变量的回归系数，ε表示残差。

其次，为探究外商直接投资是否对环境规制与工业绿色技术创新效率的关系有门槛作用,引入面板门槛模型。下式为门槛效应模型的表达式,其中 Y 为被解释变量,X 为核心解释变量,Z 为门槛变量,X_{it} 代表控制变量,$I(\cdot)$ 为示性函数,α 代表核心解释变量的回归系数,β 为控制变量的回归系数,γ_1,γ_2,……,γ_n 代表待估的门槛值,ε 为随机干扰项。

$$Y_{it} = \theta + \alpha_1 X I(Z_{it} \leqslant \gamma_1) + \alpha_2 X I(\gamma_1 < Z_{it} \leqslant \gamma_2) + \cdots + \alpha_n X I(\gamma_{n-1} < Z_{it} \leqslant \gamma_n) + \alpha_{n+1} X I(Z_{it} \geqslant \gamma_n) + \beta X_{it} + \varepsilon_{it} \quad (6-4)$$

6.3.3 数据来源

本研究数据亦取自 2015—2019 年的《中国统计年鉴》《中国能源统计年鉴》《中国环境统计年鉴》《中国科技统计年鉴》以及各省(市)统计年鉴,呈现的实为 2014—2018 年数据。在测算工业绿色技术创新效率时,极少数指标数据存在缺失,采用线性插值法进行补充。为减少数据异方差和极值对估计结果产生的影响,本研究对所有变量均取自然对数。表 6-1 为变量间的皮尔森相关系数矩阵,各主要变量间的相关性显著,可作进一步分析。另外,经过 SPSS23 软件的检验,各解释变量的方差膨胀因子(VIF 值)均小于 10,在可接受范围内,可以判断解释变量间没有严重的多重共线性问题,后续的估计结果不会产生较大偏差。

表 6-1 Pearson 相关系数矩阵

变量	ln GTIE	ln ER	ln FDI	ln TIE	ln MCE	ln Trade	ln IS
ln GTIE	1						
ln ER	0.592**	1					
ln FDI	−0.356**	−0.188	1				
ln TIE	−0.539**	−0.070	0.713**	1			
ln MCE	−0.718**	−0.565**	0.762**	0.738**	1		
ln Trade	−0.123	0.039	0.610**	0.635**	0.443**	1	
ln IS	0.059	0.469**	0.283*	0.477**	0.018	0.648**	1

注:***表示 $p<0.01$,**表示 $p<0.05$,*表示 $p<0.1$。

6.4　实证分析

6.4.1　单位根与面板协整检验

面板数据极易出现伪回归现象，在进行实证分析前对数据进行单位根和面板协整检验。选取 LLC、Fisher-PP、Hadri 三种方式对变量逐一进行单位根检验。由表 6-2 可知，所有变量在不同模型下均通过了检验，表明所选取的各变量具有平稳性特征。面板协整检验的目的在于确定研究所选取的面板数据是否具有长期稳定的协整关系，采用 Kao 检验进行分析。Kao 检验的原假设为"各变量间不存在协整关系"，检验结果显示，三类模型下的 p 值均通过了1%的显著性检验，显著性水平较高，显著拒绝原假设，说明变量间存在长期的协整关系，适宜展开后续研究。

表 6-2　变量单位根检验

变量	单位根检验方式			单位根判定
	LLC	Fisher-PP	Hadri	
ln GTIE	$(-7.7e+12)^{***}$	75.127***	3.443***	无
ln ER	$(-3.9e+12)^{***}$	410.787***	4.105***	无
ln FDI	$(-4.2e+13)^{***}$	72.344***	3.692***	无
ln TIE	$(-2.8e+12)^{***}$	155.769***	3.734***	无
ln MCE	$(-2.7e+12)^{***}$	40.291**	4.062***	无
ln Trade	$(-2.3e+12)^{***}$	174.388***	3.318***	无
ln IS	$(-1.2e+13)^{***}$	163.734***	3.978***	无

注：***表示 $p<0.01$，**表示 $p<0.05$，*表示 $p<0.1$

6.4.2　假设检验

依据中介效应的检验方法，运用面板混合 OLS 模型对面板数据进行层次回归，并纳入控制变量，最终估计结果如表 6-3 所示，假设检验过程及步骤具体说明如下：

第一步，检验解释变量与被解释变量间的关系。环境规制（ER）对工业绿色技术创新效率（GTIE）的影响系数为 0.469，且通过 1% 的显著性检验，这表明环境规制显著推动了工业绿色技术创新效率的提升，假设 H1 成立。

第二步，检验解释变量与中介变量间的关系。环境规制（ER）与外商直接投资（FDI）间的估计系数为 0.503，通过 5% 的显著性检验，表明环境规制对外商直接投资产生了正向促进作用，假设 H2 成立。

第三步，解释变量、中介变量与被解释变量间的关系。从表 6-3 可以看出，FDI 对工业绿色技术创新效率（GTIE）的影响系数为 0.165，在 5% 的情况下通过显著性检验，说明外商直接投资促进了工业绿色技术创新效率的提升，外商直接投资的"污染光环"效应得到验证，假设 H3 成立。同时，环境规制（ER）与工业绿色技术创新效率（GTIE）也存在显著正相关关系，且影响系数为 0.386。根据中介效应的检验规则，在中介变量回归系数显著的前提下，若第三步中的解释变量回归系数比第一步中的小且显著则为部分中介效应。对比可知，解释变量的回归系数由 0.469 下降到 0.386，且通过显著性检验，说明外商直接投资在环境规制与工业绿色技术创新效率间发挥着部分中介作用，假设 H4 得到验证。通过对中介效应值的测算，结果为 0.177，表明环境规制对工业绿色技术创新效率的促进作用有 17.7% 是通过外商直接投资实现的。

表 6-3　中介效应检验结果

变量	ln GTIE	ln FDI	ln GTIE
ln ER	0.469*** (3.60)	0.503** (2.24)	0.386*** (2.92)
ln FDI			0.165** (2.06)
ln TIE	−0.259** (−2.47)	−0.054 (−0.30)	−0.250** (−2.46)
ln MCE	−0.173 (−1.50)	0.899*** (4.50)	−0.322** (−2.42)
ln Trade	0.184*** (3.15)	0.221** (2.19)	0.148** (2.49)
ln IS	−0.639 (−1.48)	0.066 (−0.09)	−0.628 (−1.50)

续 表

变量	ln GTIE	ln FDI	ln GTIE
_cons	2.294 (2.58)	−3.299** (−2.15)	2.839 (3.16)
obs	55	55	55
R^2	0.6727	0.7108	0.6993
F 检验	20.14***	24.09***	18.60***

注：***表示 $p<0.01$，**表示 $p<0.05$，*表示 $p<0.1$；括号内为 t 统计量

6.4.3 稳健性检验

为检验上述中介效应结果的稳健性，将核心解释变量环境规制的数据滞后一期，随后带入整体面板数据进行回归分析。结果如表 6-4 所示，解释变量回归系数由 0.478 下降到 0.388，且回归系数显著，部分中介效应依然成立；大部分控制变量的回归系数方向未发生根本变化，与上述主要研究结论均保持一致，说明检验结果具有较强稳健性。同时，环境规制滞后一期后对工业绿色技术创新效率的影响系数略高于当期，说明影响具有时滞性。

表 6-4 中介效应稳健性检验结果

变量	ln GTIE	ln FDI	ln GTIE
ln ER	0.478*** (3.67)	0.581** (2.62)	0.388*** (2.86)
ln FDI			0.154* (1.89)
ln TIE	−0.268** (−2.55)	0.086 (−0.48)	−0.255** (−2.48)
ln MCE	−0.148 (−1.25)	0.966*** (4.77)	−0.298** (−2.13)
ln Trade	0.188*** (3.31)	0.227** (2.28)	0.152** (2.55)

续　表

变量	ln GTIE	ln FDI	ln GTIE
ln IS	−0.603 (−1.41)	−0.078 (−0.11)	−0.591 (−1.42)
_cons	2.179 (2.42)	−3.776 (−2.46)	2.762*** (2.97)
obs	55	55	55
R^2	0.675 2	0.720 3	0.697 7
F 检验	20.38***	25.24***	18.47***

注：*** 表示 $p<0.01$，** 表示 $p<0.05$，* 表示 $p<0.1$；括号内为 t 统计量

6.4.4　门槛效应检验

表 6-5 报告了根据 Bootstrap 法抽样 300 次得到的门槛值的检验结果。在三重门槛下，P 值不显著；在双重门槛和单一门槛下，P 值均通过显著性检验，分别为 0.06、0.01，可见采用双重门槛展开分析更为合适，门槛值分别为 4.815 4 和 3.398 5，假设 H5 得到验证。

表 6-5　门槛值检验结果

门槛变量	门槛类型	P-value	门槛值	BS 次数	临界值 1%	临界值 5%	临界值 10%
ln FDI	单一门槛	0.010	3.398 5	300	15.723	19.158	38.480
	双重门槛	0.060	4.815 4	300	15.662	19.410	30.696
	三重门槛	0.240	4.782 6	300	38.271	50.395	84.488

双重门槛效应下的模型回归结果如表 6-6 所示。具体来看，当 ln FDI≤3.398 5 时，环境规制对工业绿色技术创新效率的影响系数为 −0.134，呈现负相关关系，但 P 值不显著；当 3.398 5＜ln FDI≤4.815 4 时，即外资跨越第一门槛时，估计系数为 0.697，此时环境规制水平每上升 1%，工业绿色技术创新效率上升 0.697%，即随着外商直接投资的增加，环境规制对工业绿色技术创新效率的影响转为显著正向关系；当 ln FDI＞4.815 4 时，即外资跨越第二

门槛后，估计系数为0.552，此时环境规制水平每上升1%，工业绿色技术创新效率上升0.552%，上升速度有所下降，环境规制对工业绿色技术创新效率的促进作用呈现边际效应递减趋势。此外，大部分控制变量的影响方向与中介效应分析中的结论一致。综上，在外商直接投资的门槛效应下，环境规制对工业绿色技术创新效率的影响整体呈现显著的非线性特征，即随着外商直接投资的增加，环境规制对工业绿色技术创新效率的影响由负向不显著向正向显著转变，且正向显著影响呈边际递减规律。因此，合理利用外资并科学控制外资规模，将外商直接投资控制在3.398 5~4.815 4之间将更有利于激发和保持环境规制对工业绿色技术创新效率的推动作用。

表6-6　门槛回归估计结果

变量	ln GTIE	T值
ln ER（ln FDI≤3.398 5）	−0.134	−0.56
ln ER（3.398 5<ln FDI≤4.815 4）	0.697***	3.48
ln ER（ln FDI>4.815 4）	0.552***	2.71
ln TIE	−0.338**	−2.67
ln MCE	−0.052	−0.19
ln Trade	−0.472	−0.23
ln IS	−0.615	−0.23
_cons	2.759	1.16
R^2	0.631 4	
F检验	9.05***	

注：***表示$p<0.01$，**表示$p<0.05$，*表示$p<0.1$

根据门槛变量的双重门槛值可将外商直接投资划分为三个利用阶段，即低程度利用（ln FDI≤3.398 5）、中等程度利用（3.398 5<ln FDI≤4.815 4）及高程度利用（ln FDI>4.815 4）。对照本研究原始面板数据，2014—2018年长江经济带11省市外资利用规模大多呈增长态势。具体来看，外商直接投资处于低程度利用的省域集中于上游云南、贵州两省份，绝大多数年份外资利用规模处于2.159 9~3.661 3之间，应合理提高外资利用规模，努力跨越外资的第一道门槛。处于高程度利用的省域分布在中游湖南、安徽及下游江苏、上海、浙江等5省市，对这些省市而言，可适当控制外资利用规模，降低对外资的依赖程度。其余四川、重庆、湖北、江西等4省市处于中等程度利用阶段，此时可以最大化地发挥外资在环境规制对工业绿色技术创新效率促进过程中的门槛调节效应。

6.5 本章小结

本研究基于长江经济带11省市2014—2018年工业面板数据，运用改进后的SBM模型测算工业绿色技术创新效率，采用中介效应模型检验了外商直接投资在环境规制与工业绿色技术创新效率间的传导作用，借助门槛模型探究了外商直接投资的双重门槛特征，研究得出以下结论：

（1）环境规制、外商直接投资对工业绿色技术创新效率均有显著正向影响；环境规制直接促进了外商直接投资的增长。外商直接投资在环境规制促进工业绿色技术创新效率这一过程中起到部分中介作用，中介效应值为0.177，并通过了稳健性检验。环境规制政策的制定应考量对外商直接投资的影响，以便更有利地发挥外商直接投资的中介作用。环境规制不仅直接正向影响工业绿色技术创新效率，并且能通过外商直接投资，对其产生间接影响。因此，应合理把控环境规制的力度，使外商直接投资的传导作用能发挥出来，实现环境规制对工业绿色技术创新效率的直接和间接促进作用。

（2）环境规制对工业绿色技术创新效率的影响受外商直接投资的制约，表现为双重门槛效应，门槛值分别为3.3985、4.8154。在门槛作用下，环境规制对工业绿色技术创新效率的影响呈非线性特征。外商直接投资跨越第一门槛后，环境规制对工业绿色技术创新效率的促进作用呈现边际递减规律，处在3.3985～4.8154之间是外商直接投资的相对最优区间。目前长江经济带11省市中，除云南、贵州外，其他9省市的外商直接投资利用程度处于中高等水平，整体上利于环境规制发挥其对工业绿色技术创新效率的促进作用。政府应制定完善的产业政策及引资方向，注重外商直接投资质量，要将外商直接投资控制在合理范围内。对于外商直接投资规模低于3.3985的省市，应发挥一切优势以越过第一道门槛，避免外资对工业绿色技术创新效率产生负向影响；而对于高于4.8154的省市，应合理控制外资规模，尽力维持在第一门槛和第二门槛之间以发挥其最优的门槛调节效应。

第 7 章 机制 2：对外开放、市场竞争与工业绿色技术创新效率

7.1 引　言

2020 年 12 月，习近平总书记在中央经济工作会议上强调必须进一步深化对外开放，坚持走国内国际双循环相互促进的新发展道路。改革开放政策实施以来，我国货物进出口总额由 1978 年的 355 亿元增长至 2019 年的 315 627.3 亿元，增长约 888 倍；利用外商直接投资额由 1983 年的 9.16 亿美元上升为 2019 年的 1 381.35 亿美元，增长约 150 倍，对外开放成为我国经济发展不竭的动力源泉。市场竞争是市场经济的基本特征，对外开放的逐渐深化直接引致了国内企业间的多维度市场竞争，有效促进了企业技术革新及产品迭代进程（孔令池等，2017）。工业作为我国国民经济的支柱，为我国创造经济红利的同时也成为能源消耗和环境污染的主体，影响着经济的可持续发展，推动绿色技术创新和产业转型已成为我国工业高质量发展的重要抓手（孙振清等，2020），提升绿色技术创新效率已成为工业绿色发展、创新发展的目标追求。因此，探讨对外开放、市场竞争对工业绿色技术创新效率的影响机制，寻找提升工业绿色技术创新效率的路径，成为促进工业高质量发展的待解课题。

长江经济带连接 9 省 2 市，覆盖我国经济最为发达的"长三角"区域（杨树旺等，2018），并以 21.4% 的国土面积承载着中国经济总量、进出口贸易、外商直接投资、规模以上工业企业数以及工业增加值的近一半总量，其绿色发展问题受到党和国家的高度重视，抓住长江经济带这一重点区域就抓住了我国经济增长与环境友好这一突出矛盾的主要方面。从省域宏观视角展开研究，便于从整体尺度上把握长江经济带工业绿色技术创新效率问题，为各省市进行相关政策调整、省市间绿色发展协调性提升提供一定的经验。鉴于此，本文采集 2014—2018 年长江经济带 11 省市的面板数据，研究对外开放、市场竞争与工业绿色技术创新效率间的传导机制，并探索由政府主导的科技创新环境在其

中的调节作用，最后提出促进效率提升的有益举措，这对推动长江经济带履行其"主战场""主动脉""主力军"的时代新使命具有明显的实践指导意义。

7.2 文献回顾与研究假设

7.2.1 对外开放与工业绿色技术创新效率

对外开放一词自1978年以后在我国得到广泛运用，已有研究表明对外开放对绿色技术创新效率的影响多是通过"竞争效应"和"模范学习效应"来实现的。一方面，对外贸易使得国内众多产品受到国外产品的冲击，在外界的压力下，本地企业则需要通过寻求新的技术以保持市场份额、获得竞争优势，在这种竞争效应下绿色技术创新效率会得到提升（Aitken和Harrison，1999；王娟，2018）。同时，信息不对称等市场失灵现象的存在也易引发恶性竞争，促使企业通过不正当手段抢占市场份额，降低了企业进行绿色技术研发和创新的积极性，不利于绿色技术创新效率的提高。另一方面，进入国内进行外商投资的企业大多具有较为先进的绿色技术水平和雄厚的研发实力，会带来一定程度上的技术溢出，本土企业通过模仿、学习来改善自身现有技术及管理水平，对原有产品及技术进行革新，最终促进绿色技术创新效率的提高（MacDougall，1960；孙浦阳和张甉，2019）。然而，劣质外资的流入会加剧当地的环境污染，可能会降低东道国的绿色创新水平。可见，对外开放与绿色技术创新效率的关系具有不确定性。长江经济带是我国对外开放的前沿地带，国家及各地政府近年来相继出台了引进优质外资、营造健康市场竞争环境等政策规定，长江经济带成为优质外商投资的"热土"，自主创新能力得到提高。由此提出如下研究假设：

H1：对外开放对工业绿色技术创新效率具有正向影响。

7.2.2 对外开放与市场竞争

随着对外开放的逐渐深化，我国进出口贸易及外商直接投资规模均大幅增长，外资真实或潜在进入的可能性加强，致使国外众多优秀企业、产品大量涌入，不断冲击着我国企业原先的发展战略。国内企业在日益严峻的竞争形势下，一方面为了不落后于其他企业，会通过模仿来生产大量的同质化产品，引发广泛的同质化竞争，使得市场上较多种类产品同质化严重；另一方面，企业为获得持续性竞争优势，也会激发企业的主动技术创新行为，通过革新技术、改进工艺或流程以获得先发优势，进而引发新一轮的市场竞争（邹静娴和张斌，2018）。毛捷等（2009）对中国银行业对外开放的数据进行分析，研究发现银行业的对外开放导致了外资潜在进入的可能性提高，显著加剧了国内银行业的市场竞争，且这一竞争促进效应不受银行国有化程度、地区经济水平和制度差异的影响，具有较强稳健性。改革开放后，我国成为市场经济体制国家，市场竞争是其基本特征，加上政府一直致力于营造良好的市场竞争环境，鼓励企业展开良性竞争并打击垄断企业，市场竞争愈发充分。长三角地区是我国传统的对外开放地带，在与西方各发达国家展开的对外经济、贸易、技术交流、投资等活动中占据重要地位，2016年以来长江经济带新增9个自贸区，逐步形成"经济带＋城市群＋自贸区"的开放发展新模式，营造了良好的竞争氛围（中大咨询研究院）。基于以上分析，提出如下研究假设：

H2：对外开放对市场竞争具有正向影响。

7.2.3 市场竞争与工业绿色技术创新效率

熊彼特开创的创新理论认为市场竞争作为企业创新行为的外部宏观经济环境，是影响企业创新的关键变量。"市场"在资源配置中起到决定作用，换言之，企业作为技术创新的主体，在开展绿色创新活动时必然会受到"市场"这只"无形的手"的影响，市场竞争会发挥重要作用（岳佳彬和胥文帅，2021）。首先，在激烈的市场竞争环境下，行业的潜在模仿者会瓜分企业原有的市场份额，迫于竞争压力企业通过技术创新活动获得新技术、新产品带来的高效率、差异化优势，化被动防守为主动竞争，通过研发创新来甩开竞争对手，形成"竞争逃离效应"，最终提升企业绿色技术创新效率（康志勇和刘鑫，2020）。在卖空视角下，资本市场压力可以通过外部监督、管理层业绩以及股价信息传递等机制影响企业技术创新，引发企业策略性的创新行为（谭小芬和钱佳琪，2020）。其次，当出现恶性竞争局面时，企业很可能面临经营不善甚至破产清算的风险，企业利润最大化的运营目标难以达成，会影响企业管理层和股东们的切身利益，由此管理层所做出的决策往往避重就轻，减少研发投入，间接地阻碍企业创新效率的提升（Schumpeter，1942）。长江经济带规模以上工业企业数量占全国的50%左右，企业数量趋近饱和，企业间竞争激烈，可能催生出一系列的绿色技术和绿色产品；加之长江经济带各省市一直在调整产业布局，有效缓解了因产业重复布局导致的恶性竞争问题，众多企业不良的竞争行为得到了惩治，更多呈现出的是良性竞争。根据以上论述，提出如下假设：

H3：市场竞争对工业绿色技术创新效率具有正向影响。

7.2.4 市场竞争的中介作用

对外开放对绿色技术创新效率的影响可以通过对外开放引致的竞争效应得以实现。对外贸易及外资进入加剧了东道国本土企业间的市场竞争，这一竞争效应减少了因垄断带来的无谓损失，能够促进企业间资源的优化配置，从而促进企业管理水平的提高，增加技术研发投入，最终提升创新效率（张海洋，2005；杜阳和李田，2020）。同时，对外开放加剧了外部企业的进入速度，引发本土企业与外来企业展开竞争（Porter，2011），本地企业能够通过外来企业引进和革新生产工艺、管理流程、制度安排来提升生产效率，进而对周边地区起到创新辐射作用和空间"涓滴效应"，最终促进地区整体绿色创新效率的提升。张杰等（2014）研究认为在中国情境下，企业的"竞争逃离效应"高于"熊彼特效应"，市场竞争与创新之间存在显著正向关系。陈奉先和王晨（2019）通过对 701 家上市公司展开分析发现，市场竞争在汇率变动与企业创新之间发挥中介作用。在对外开放的作用下，长江经济带规模以上工业企业数量增加，其规模以上工业企业数量占全国 50% 左右，市场竞争激烈，企业为获得领先行业的竞争优势会加大技术研发力度，最终可能促进绿色技术创新效率的提升。因此，提出如下假设：

H4：市场竞争在对外开放与工业绿色技术创新效率间发挥显著的中介作用。

7.2.5 科技创新环境的调节作用

与市场这一"无形的手"对应，政府这只"有形的手"在营造良好的科技创新环境中发挥着主要作用，常见的手段有完善创新基础设施、营造健康金融环境、引进科技人才、加大财政科技投入等。创新环境的内涵较为丰富，不同的学者对其存在着差异化的划分方式，但已有文献大多将人才和金融作为创新环境的两个重要维度。高技术人才的集聚可以获取充足的智力资本，缩短创新活动的空间距离，降低信息交易成本，对技术创新具有明显的空间溢出效应（韩璐等，2021）。而完善的金融环境在缓解企业资金压力时发挥着优化资源配置和分散经营风险的作用，便于促进地区研发和创新的活力（Mia et al.，2016）。研究证明，科技创新环境是企业开展绿色技术创新活动的重要外部环境，良好的科技创新环境会激发企业的创新活力，最终促进创新效率的提高（Jefferson et al.，2006）。随着国家创新驱动发展战略的实施，国家及各地方政府高度重视科技创新，通过加大科研投入、搭建创新平台，不断优化了科技创新环境。我国R&D人员全时当量由2010年的255.38万人/年上升至2018年的438.14万人/年，R&D经费投入强度由2011年的1.78%上升至2018年的2.14%，国家财政科技支出由2010年的3 250.2亿元上升至2018年的8 236.7亿元，国家高度重视科技创新，为企业营造了较好的创新氛围。基于以上分析，提出如下假设：

H5：科技创新环境正向调节市场竞争在对外开放与工业绿色技术创新效率间的中介作用。

在以上文献回顾和理论推导基础上，整合各研究假设，形成整体的理论框架，如图7-1所示。

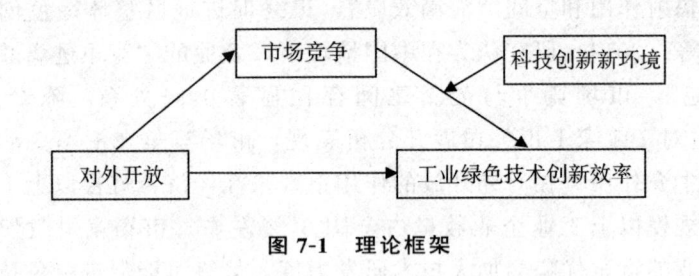

图 7-1 理论框架

7.3 变量、模型与数据

7.3.1 变量选取与测量

被解释变量：工业绿色技术创新效率（GTIE）。即为第4章中计算得出的工业绿色技术创新效率值。

核心解释变量：对外开放（Trade）。地区对外开放往往具有两面性，为地区经济发展带来新技术、新经验的同时也会带来环境污染等负面影响。对外贸易是对外开放的重要组成部分，对地区经济增长具有明显促进作用，已有众多学者将对外贸易依存度作为衡量对外开放的主要指标。本研究拟采用对外贸易进出口总额占GDP的比重来衡量对外开放（林伯强，2019），该比值越大，代表对外开放水平越高。

中介变量：市场竞争（MCE）。随着地区工业企业数量的增加，企业间竞争将会加剧，降低了企业现有技术和产品的边际收益，企业为获得竞争优势往往会进行技术创新活动，从而实现创新效率的提高。考虑到市场竞争的主体构成以及数据的可得性，本研究借鉴侯建、陈恒（2018）的做法，用规模以上工业企业数量反映市场竞争情况。

调节变量：科技创新环境（TIE）。从基础研发到成果转化，再到最后投产利用，每个环节均离不开科技创新环境的支持。地方政府对科技创新的支持能够有效促进工业企业绿色技术研发的积极性，引导企业开展绿色创新活动，提高企业绿色创新能力。科技创新环境这一变量往往又被众多学者称之为政府支持，多采用地区财政科技支出与一般预算支出的比值作为代理变量（任阳军，2019）。

控制变量。为保证实证结果的无偏性，根据已有研究纳入以下控制变量（王巧，2020；王洪庆，2020）：（1）环境规制（ER）。选用GDP/能源消费总量作为环境规制的代理变量，该指标利于度量政府在环境规制政策实施后所获得的真正效果，随着GDP/能源消费总量比值的提高，说明单位GDP能耗在逐渐下降，反映环境规制越严格，节能减排的绿色成效越明显。（2）外商直接投资（FDI）。选取FDI的存量数据进行分析，可以较为准确地关注FDI的长期效应从而有效避免流量数据所带来的短期波动风险。采用各省市每年的实际利用外商投资额作为代理变量。（3）城镇化水平（City）。理论上而言，城镇化水平高的地区经济发展水平亦发达，对专业型、技术型人才有更强的吸引力，这对于推动当地政府及企业开展绿色技术创新活动，提升绿色技术创新效率有积极作用。用城镇人口数量占总人口的比重表征城镇化水平。（4）经济发展水平（GDP）。区域经济水平是工业绿色技术进步与发展的物质基础。一般而言，区域经济发展水平越高，对环境的保护力度越大，绿色发展需求越迫切。采用各省市历年人均GDP总量作为经济发展水平的代理变量。

7.3.2 模型构建

首先，依据中介、调节效应的检验方法，在加入相应控制变量后进行面板混合OLS多层次回归，该方法适用于样本量较小、拟合函数为线性特征的研究。首先，中介效应检验模型如下：

$$\ln \text{GTIE} = \beta_0 + \beta_1 \ln \text{Trade} + \beta_2 \ln \text{ER} + \beta_3 \ln \text{FDI} \\ + \beta_4 \ln \text{GDP} + \beta_5 \ln \text{City} + \varepsilon_1 \quad (7\text{-}1)$$

$$\ln \text{MCE} = \gamma_0 + \gamma_1 \ln \text{Trade} + \gamma_2 \ln \text{ER} + \gamma_3 \ln \text{FDI} \\ + \gamma_4 \ln \text{GDP} + \gamma_5 \ln \text{City} + \varepsilon_2 \quad (7\text{-}2)$$

$$\ln \text{GTIE} = \delta_0 + \delta_1 \ln \text{Trade} + \delta_2 \ln \text{MCE} + \delta_3 \ln \text{ER} + \delta_4 \ln \text{FDI} \\ + \delta_5 \ln \text{GDP} + \delta_6 \ln \text{City} + \varepsilon_3 \quad (7\text{-}3)$$

其次，有调节的中介效应检验模型如下：

$$\ln \text{GTIE} = a_0 + a_1 \ln \text{Trade} + a_2 \ln \text{TIE} + a_3 \ln \text{ER} + a_4 \ln \text{FDI}$$
$$+ a_5 \ln \text{GDP} + a_6 \ln \text{City} + \varepsilon_4 \quad (7\text{-}4)$$

$$\ln \text{MCE} = b_0 + b_1 \ln \text{Trade} + b_2 \ln \text{TIE} + b_3 \ln \text{ER} + b_4 \ln \text{FDI}$$
$$+ b_5 \ln \text{GDP} + b_6 \ln \text{City} + \varepsilon_5 \quad (7\text{-}5)$$

$$\ln \text{GTIE} = c_0 + c_1 \ln \text{Trade} + c_2 \ln \text{MCE} + c_3 \ln \text{TIE} + c_4 \ln \text{ER}$$
$$+ c_5 \ln \text{FDI} + c_6 \ln \text{GDP} + c_7 \ln \text{City} + \varepsilon_6 \quad (7\text{-}6)$$

$$\ln \text{GTIE} = d_0 + d_1 \ln \text{Trade} + d_2 \ln \text{MCE} + d_3 \ln \text{TIE} + d_4 \ln \text{TIE}$$
$$\times \ln \text{MCE} + d_5 \ln \text{ER} + d_6 \ln \text{FDI} + d_7 \ln \text{GDP} + d_8 \ln \text{City} + \varepsilon_7 \quad (7\text{-}7)$$

上述（7-1）—（7-7）方程中，Trade、MCE、GTIE 分别表示解释变量对外开放、中介变量市场竞争、被解释变量工业绿色技术创新效率；TIE 表示调节变量科技创新环境；ER、FDI、GDP、City 为控制变量，分别表示环境规制、外商直接投资、经济发展水平、城镇化水平；a、b、c、d、β、γ、δ 分别表示三个方程式中常数项或变量的回归系数，ε 表示残差。

7.3.3 数据来源

本研究数据亦取自 2015—2019 年的《中国统计年鉴》《中国能源统计年鉴》《中国环境统计年鉴》《中国科技统计年鉴》以及各省（市）统计年鉴，呈现的实为 2014—2018 年数据。在测算工业绿色技术创新效率时，极少数指标数据存在缺失，采用线性插值法进行补充。为减少数据异方差和极值对估计结果产生的影响，本研究对所有变量均取自然对数。表 7-1 为变量间的皮尔森相关系数矩阵，各主要变量间的相关性显著，可展开进一步分析。

表 7-1 变量间相关系数矩阵

变量	ln GTIE	ln Trade	ln MCE	ln TIE	ln ER	ln FDI	ln GDP	ln City
ln GTIE	1							
ln Trade	0.723**							
ln MCE	0.541**	0.443**	1					
ln TIE	0.573**	0.643**	0.627**	1				
ln ER	0.592**	0.736**	0.312*	0.499**	1			
ln FDI	0.724**	0.610**	0.762**	0.687**	0.567**	1		
ln GDP	0.473**	0.527**	0.897**	0.587**	0.555**	0.723**	1	
ln City	0.672**	0.877**	0.408**	0.725**	0.859**	0.692**	0.553**	1

注：**表示 $p<0.01$，*表示 $p<0.05$，双尾

7.4 实证分析

7.4.1 面板数据基础性检验

面板数据极易出现伪回归现象，在进行实证分析前对数据进行单位根和面板协整检验。根据本研究所采用的短面板数据特征，选取 HT、Fisher-PP、Hadri 等三种方式对变量逐一进行单位根检验。检验结果显示，所有变量在至少两种模型下通过了检验，表明所选取的各变量具有平稳性特征，具体见表 7-2。

面板协整检验的目的在于确定研究所选取的面板数据是否具有长期稳定的协整关系，采用 Kao 检验进行分析。Kao 检验的原假设为"各变量间不存在协整关系"，三类模型下的 p 值均通过了显著性检验，显著拒绝原假设，说明变量间存在长期的协整关系，适宜展开后续研究，具体见表 7-3。

表 7-2 变量单位根检验

变量	Fisher-PP	Hadri	HT	单位根判定
ln GTIE	75.127***	5.837***	0.199**	无
ln Trade	174.388***	8.544***	−0.367	无
ln MCE	40.291**	5.722***	0.111	无
ln TIE	155.769***	6.071***	−0.382**	无
ln ER	121.595***	6.116***	−0.435**	无
ln FDI	72.344***	5.859***	−0.455**	无
ln GDP	144.532***	34.395***	0.482	无
ln City	263.352***	26.458***	0.777	无

注：*** 表示 $p<0.01$，** 表示 $p<0.05$，* 表示 $p<0.1$

表 7-3 面板协整检验结果

	模型	t-Statistic	P-value
Kao 检验	Modified Dickey-Fuller t	1.524	0.063
	Dickey-Fuller t	−2.329	0.009
	Augment Dickey-Fuller t	−5.718	0.002

7.4.2 假设检验

根据中介效应与调节效应的检验方法，运用层次回归分析法进行检验，最终估计结果见表 7-4。由表 7-4 可知，纳入控制变量后，模型 1—7 的拟合优度 R^2 均明显高于未纳入控制变量的 R^2，由此可见纳入控制变量后模型拟合效果更佳，一定程度上说明了控制变量选取的合理性。首先，市场竞争的中介效应检验步骤具体说明如下。

第一步，检验自变量与因变量间的关系（模型1）。对外开放对工业绿色技术创新效率的影响系数为 0.283，且通过 1% 的显著性检验，这表明对对外开放显著推动了工业绿色技术创新效率的提升，假设 H1 成立。第二步，检验自变量与中介变量间的关系（模型2）。对外开放与市场竞争间的估计系数为 0.147，通过 5% 的显著性检验，表明外开放对市场竞争产生了正向促进作用，假设 H2 成立。第三步，自变量、中介变量与因变量间的关系（模型3）。从表 3 可以看出，市场竞争与工业绿色技术创新效率的影响系数为 0.497，在 1% 的情况下通过显著性检验，说明市场竞争促进了工业绿色技术创新效率的提升，假设 H3 成立。同时，对外开放与工业绿色技术创新效率也存在显著正相关关系，且系数为 0.209。根据中介效应的检验规则，在中介变量回归系数显著的前提下，若第三步中的自变量回归系数比第一步中的小且显著则为部分中介效应。对比可知，自变量的回归系数由 0.283 下降到 0.209，且通过显著性检验，说明市场竞争在对外开放与工业绿色技术创新效率间发挥着部分中介作用，假设 H4 得到验证。中介效应值为间接效应在总效应中的占比，结果为 0.259，表明对外开放对工业绿色技术创新效率的促进作用有 25.9% 是通过市场竞争实现的。

其次，科技创新环境的调节效应检验步骤具体说明如下。第一步做因变量与自变量、调节变量的回归，观察自变量系数是否显著（模型4），自变量系数为 0.285（$p<0.01$），检验通过。第二步做中介变量与自变量、调节变量的回归，观察自变量系数是否显著（模型5），自变量系数为 0.155（$p<0.05$），检验通过。第三步做因变量与自变量、调节变量、中介变量的回归，观察中介变量系数是否显著（模型6），中介变量系数为 0.541（$p<0.01$），检验通过。

第四步做因变量与自变量、调节变量、中介变量、调节中介变量交互项的回归,观察交互项系数是否显著(模型7),交互项系数为0.236($p<0.1$),检验通过,有调节的中介效应成立,假设H5成立。

表7-4 中介及调节效应检验结果

变量	模型1 ln GTIE	模型2 ln MCE	模型3 ln GTIE	模型4 ln GTIE	模型5 ln MCE	模型6 ln GTIE	模型7 ln GTIE
ln Trade	0.283*** (3.74)	0.147** (2.25)	0.209*** (2.90)	0.285*** (3.75)	0.155*** (2.59)	0.201*** (2.71)	0.129 (1.56)
ln TIE				0.077 (0.72)	0.269*** (3.18)	−0.068 (−0.64)	−2.270* (−1.82)
ln MCE			0.497*** (3.30)			0.541*** (3.24)	1.346*** (2.79)
ln TIE× ln MCE							0.236* (1.77)
ln ER	0.238 (1.47)	−0.578*** (−4.14)	0.526*** (3.07)	0.291 (1.63)	−0.393*** (−2.79)	0.504*** (2.87)	0.560*** (3.21)
ln FDI	0.363*** (4.83)	0.346*** (5.32)	0.192** (2.22)	0.355*** (4.63)	0.315*** (5.20)	0.184** (2.10)	0.306*** (2.79)
ln GDP	−0.204** (−2.02)	1.155*** (13.18)	−0.778*** (−3.95)	−0.225** (−2.13)	1.082*** (12.92)	−0.811*** (−3.96)	−0.829*** (−4.14)
ln City	−0.910* (−1.71)	−0.651 (−1.41)	−0.587 (−1.18)	−1.126* (−1.83)	−1.407*** (−2.90)	−0.365 (−0.60)	−0.282 (−0.47)
常数项	0.328 (0.36)	−3.255*** (−4.10)	1.945** (2.00)	0.719 (0.67)	−1.888** (−2.23)	1.741* (1.69)	−6.465 (−1.36)
未纳入控制变量 R^2	0.5222	0.1960	0.5830	0.5422	0.3960	0.5834	0.5972
纳入控制变量 R^2	0.6872	0.9204	0.7450	0.6906	0.9342	0.7472	0.7633
纳入控制变量 Adj. R^2	0.6553	0.9122	0.7131	0.6519	0.9260	0.7095	0.7222
F检验	21.53***	113.26***	23.37***	17.85***	113.60***	19.84***	18.55***

注:***表示$p<0.01$,**表示$p<0.05$,*表示$p<0.1$;括号内为t统计量。

进一步利用斜率分析法将科技创新环境对中介效应的调节作用可视化,如

图 7-2 所示。从图 7-2 可以看出，无论科技创新环境优化程度是低或高，市场竞争对工业绿色技术创新效率的影响均为正向。与优化程度低的科技创新环境相比，高优化的科技创新环境能够明显使直线斜率变大，换言之，科技创新环境能够正向调节市场竞争在对外开放与工业绿色技术创新效率间的中介作用。科技创新环境是企业实施绿色技术创新的重要外部环境，基于创新系统理论，创新环境是支撑企业进行创新活动、获取创新绩效的重要条件，包含着多个创新行为主体的网络关系及多维度要素条件，这一复杂性也对今后政府营造创新环境提出了挑战。

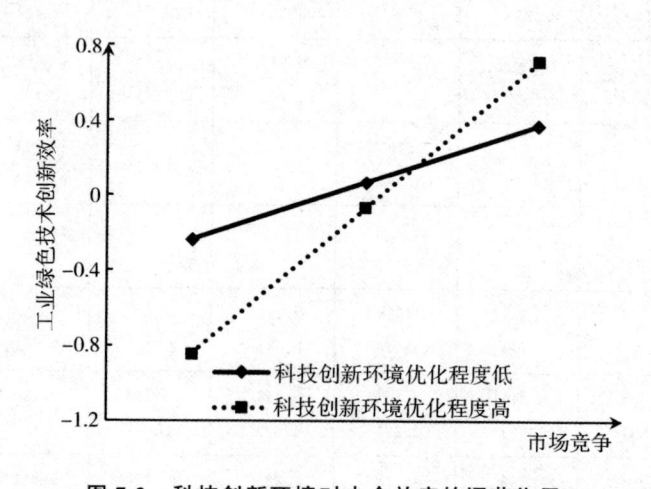

图 7-2　科技创新环境对中介效应的调节作用

7.4.3　结果讨论

以上实证分析显示本文研究假设均得到了有效验证，核心解释变量对外开放可以直接影响工业绿色技术创新效率，亦可通过市场竞争对效率产生间接影响。首先，根据传统经济学观点，当国家处于早期发展阶段，在产业结构、技术和资源等方面均存在劣势，此时通过模仿创新的方式向发达国家或地区学习经验，便于提升其创新效率，而这一模仿学习过程依赖于政府的对外开放政策（赵儒煜等，2021）。其次，从微观企业角度而言，工业企业作为绿色技术创新的主体，可以通过模仿建立以产品研发为导向的逆向创新模式，即"模仿—生产—研发再创新"。这一过程建立在企业对各方面信息全面把握的基础上，对国内外优秀企业的同类产品或异质性产品进行解构和研究，逆向探索该产品的材料特性、结构构造、技术运用等，诱发企业主动拓展生产的可能性边际，最终实现"再创新"行为，甚至获得技术超越。

长江经济带是畅通国内国际双循环的"主动脉"，深化对外开放是长江经济带获得区域可持续发展动力的重要途径，是促进要素有序流动、市场深度融合、资源高效配置的突破口（吴传清和邓明亮，2019）。尤其在日益激烈的市场竞争环境下，加强绿色技术创新、提高企业自主创新能力成为长江经济带工业取得高质量发展优势的必要选择，同时这也是我国深化改革开放、提升开放质量的核心步骤。已有研究亦表明，对外开放战略的实施，使得资源禀赋、要素输入、人力资本、制度改进、技术进步等正向作用愈发明显，进一步形成集聚效应，强化了各类区域空间的经济增长极功能（王小鲁，2000；张军等，2020）。长江经济带借助长三角的区位优势，依靠国家对外开放政策在经济上取得了突飞猛进的发展，随后迅速向长江经济带其他省市扩散其技术和创新经验，提升了区域经济一体化进程，成为我国重要的区域经济增长极。

从现实情况来看，自 2014 年以来，国家为建设长江经济带已连续出台多项法规和政策，"绿色发展"和"对外开放"已然成为长江经济带新发展阶段的关键词，例如，2021 年 9 月，财政部最新发布了《关于全面推动长江经济带发展财税支持政策的方案》，进一步强调了"绿色发展""生态保护""高水平对外开放"的重要性。数据显示，2019 年长江经济带实际使用外资总额占全国比重高达 49%，对外开放对经济的拉动明显；2018—2020 年中央安排长江经济带沿江省市各项转移支付达 9.6 万亿元，年均增长 11.8%，占中央对地方转移支付总额的 40.8%，国家对长江经济带绿色高质量发展的支持力度逐年提高，这有助于形成良好的科技创新环境，为企业开展绿色技术创新活动提供资金保障。通过以上对实证结果的讨论，对外开放在理论机制和现实表现上均能够提高长江经济带工业绿色技术创新效率，纳入市场竞争的中介效应和科技创新环境的调节效应后，有助于打开对外开放对效率产生影响的"黑箱"，也为后续研究提供了一定启示。

7.4.4 稳健性检验

为进一步考察上述回归结果的稳定性，本研究采取以下方法进行稳健检验。

（1）内生性检验。借鉴张成（2011）的做法，将对外开放、市场竞争、科技创新环境以及中介调节变量的交互项等核心变量均滞后一期，以克服解释变量与被解释变量互为因果而引起的内生性问题。回归结果如表 7-5 所示，尽管部分变量的显著性系数有所变化，但所有解释变量的系数符号均未发生根本改变，均与基础回归结果保持一致，部分中介效应及正向调节效应依然成立。

表 7-5　内生性稳健性检验结果

变量	模型 8 ln GTIE	模型 9 ln MCE	模型 10 ln GTIE	模型 11 ln GTIE	模型 12 ln MCE	模型 13 ln GTIE	模型 14 ln GTIE
ln Trade	0.308*** (4.37)	0.149** (2.46)	0.234*** (3.43)	0.303*** (4.31)	0.138** (2.55)	0.231*** (3.34)	0.179** (2.25)
ln TIE				0.117 (1.11)	0.294*** (3.63)	−0.037 (−0.34)	−1.647 (−1.35)
ln MCE			0.497*** (3.26)			0.524*** (3.02)	1.132** (2.31)
ln TIE× ln MCE							0.172* (1.97)
lnER	0.261 (1.67)	−0.528*** (−3.95)	0.523*** (3.20)	0.336** (1.98)	−0.341*** (−2.62)	0.514*** (3.07)	0.581*** (3.35)
ln FDI	0.355*** (4.92)	0.326*** (5.27)	0.193** (2.34)	0.348*** (4.81)	0.308*** (5.54)	0.187** (2.18)	0.272** (2.55)
ln GDP	−0.194* (−2.00)	1.195*** (14.37)	−0.787*** (−3.89)	−0.227** (−2.24)	1.111*** (14.26)	−0.809*** (−3.78)	−0.835*** (−3.91)
ln City	−1.082** (−2.10)	−0.606 (−1.38)	−0.781 (−1.63)	−1.394** (−2.38)	−1.390*** (−3.09)	−0.665 (−1.12)	−0.625 (−1.06)
常数项	0.229 (0.26)	−3.608*** (−4.10)	2.022** (2.08)	0.803 (0.79)	−2.166*** (−2.77)	1.939* (1.92)	−4.139 (−0.88)
未纳入控制变量 R^2	0.554 2	0.218 0	0.609 1	0.569 3	0.408 2	0.609 2	0.625 8
纳入控制变量 R^2	0.710 6	0.930 7	0.763 2	0.717 9	0.945 6	0.763 7	0.772 5
纳入控制变量 Adj.R^2	0.681 1	0.923 6	0.733 6	0.682 6	0.938 8	0.728 5	0.732 9
F 检验	24.07***	131.56***	25.78***	20.36***	139.14***	21.70***	19.52***

注：***表示 $p<0.01$，**表示 $p<0.05$，*表示 $p<0.1$；括号内为 t 统计量

（2）替换核心解释变量的代理变量。对外开放包含贸易、外资两方面的开放，由此采用外商直接投资额作为衡量对外开放的新指标，并纳入一个全新的控制变量产业结构（ln IS），采用规模以上工业增加值/GDP 来衡量。检验结果如表 7-6 所示，中介效应第三步中自变量回归系数比第一步中小但不显著，且中介变量系数显著，因此判定为完全中介效应；而正向调节效应依然成立。综上所述，通过两种稳健检验，中介、调节效应依然成立，各研究假设亦得到支持，本研究实证结论具有较强稳健性。

表 7-6　替换变量稳健性检验结果

变量	模型 15 ln GTIE	模型 16 ln MCE	模型 17 ln GTIE	模型 18 ln GTIE	模型 19 ln MCE	模型 20 ln GTIE	模型 21 ln GTIE
ln Trade	0.202** (2.17)	0.136** (2.27)	0.123 (1.34)	0.201** (2.13)	0.122** (2.20)	0.118 (1.29)	0.332*** (2.91)
ln TIE				0.023 (0.20)	0.210*** (3.12)	0.672*** (2.96)	1.809*** (3.98)
ln MCE			0.577*** (2.79)			−0.118 (−1.02)	−3.276** (−2.92)
ln TIE× ln MCE							0.340*** (2.82)
ln ER	0.055 (0.31)	−0.782*** (−3.95)	0.506** (2.20)	0.071 (0.37)	−0.630*** (−5.49)	0.495** (2.15)	0.617*** (2.82)
ln IS	−1.203*** (−2.79)	−1.720*** (−6.17)	−0.209 (−0.39)	−1.192*** (−2.72)	−1.627*** (−6.29)	−0.098 (−0.18)	0.107 (0.21)
ln GDP	−0.126 (−1.19)	1.217*** (17.76)	−0.828*** (−3.06)	−0.132 (−1.18)	1.159*** (17.63)	−0.911*** (−3.22)	−0.939*** (−3.56)
ln City	1.599** (2.68)	1.731*** (4.49)	0.600 (0.90)	1.529** (2.19)	1.080*** (2.62)	0.802 (1.16)	0.186 (0.27)
常数项	−0.091 (−0.10)	−3.223*** (−5.23)	1.769 (1.59)	0.021 (0.02)	−2.193*** (−3.34)	1.495 (1.30)	−10.129** (−2.38)
未纳入控制变量 R^2	0.524 7	0.581 1	0.525 0	0.535 5	0.601 4	0.537 2	0.607 0
纳入控制变量 R^2	0.653 0	0.950 5	0.701 4	0.653 3	0.958 9	0.707 8	0.751 0
纳入控制变量 Adj.R^2	0.617 6	0.945 5	0.664 0	0.610 0	0.953 8	0.664 3	0.707 7
F 检验	18.44***	188.37***	18.79***	15.07***	186.66***	16.27***	17.35***

注：***表示 $p<0.01$，**表示 $p<0.05$，*表示 $p<0.1$；括号内为 t 统计量。

7.5　本章小结

本研究基于长江经济带 11 省市 2014—2018 年工业面板数据，首先借助改进后的 SBM 模型测算工业绿色技术创新效率,采用中介效应模型检验了对外开放、市场竞争与工业绿色技术创新效率间的关系,随后检验科技创新环境在其中的调节作用,研究得出以下结论:

(1) 对外开放、市场竞争对工业绿色技术创新效率均有显著正向影响;对外开放直接促进了市场竞争。继续深化对外开放,推动长江经济带工业高质量发展。进一步加快对外开放的步伐,一方面要扩宽对外开放的国内国际空间范围,加快构建全球对外开放网络,减少对某一特定区域或国家的依赖,增强抵御外部风险的能力,在开放广度上实现突破;另一方面要深化贸易和资本两方面的开放,在金融资本服务、核心产业链条等创新领域展开深层次的竞争与合作,提升长江经济带工业发展的科技含量与创新要素占比。同时,在开放中应注重长江经济带上中下游区域的协调发展,解决区域对外开放不平衡、不充分的问题。下游省市地处沿海地带,在改革开放初期受到就国家的政策支持,经济发展水平较高,而中上游省市地理位置、人才资源等方面均处于落后水平,区域间存在较大差距,影响了长江经济带的协调发展。因此,未来长江经济带对外开放发展的过程中需要加快推动中上游地区对外开放政策的落地实施,通过对外开放与资源再分配提升地区经济发展的协调性。

(2) 市场竞争在对外开放促进工业绿色技术创新效率这一过程中起到部分中介作用,中介效应值为 0.259。以上实证结果均通过了稳健性检验。政府作为政策制定者,应结合长江经济带工业发展的实际情况制定相应市场竞争规范和政策,通过规范性文件完善工业行业竞争规制,排除垄断、寻租等不正当竞争行为,避免损害市场环境的恶性竞争行为出现。具体而言,要建立适当的行业准入规制,降低行业进入门槛与退出成本,加大对工业小微企业的扶持力度,提高行业的流动性和运行活力。充分的市场竞争意味着行业集中度的降低,利于激发市场活力,促进良性的市场竞争,提高企业自主创新的意愿。

(3) 科技创新环境能够正向调节市场竞争在对外开放与工业绿色技术创新效率间的中介机制。政府应进一步加大对科技领域的支出,减少对绿色创新活动的直接参与,发挥市场在地区绿色创新活动中的主动作用。政府主要做好相关的配套服务,如建立相应的扶持政策和激励机制、厘清市场秩序、加强对知识产权的保护等。

第8章 机制3：新型城镇化与产业结构耦合对工业绿色技术创新效率的影响

8.1 引言

城镇是支持各类经济要素运行的重要载体，我国城镇化率由1978年的17.92%增长至2019年的60.60%，已成为我国经济发展的重要动力之一。长江经济带经济体量巨大，沿线城市众多，是新型城镇化的重点示范区域。同时，长江经济带作为我国重要的工业走廊，其工业污染总量已远超过自然环境的自我修复阈值，解决好工业所带来的污染问题，是实现长江经济带高质量发展的关键。绿色技术创新能够促进资源合理配置、推动生产技术革新，从而减少污染物产生及排放，提升工业绿色技术创新及其效率成为可持续发展的必然途径。

新型城镇化作为绿色转型的前沿阵地，能在基础设施、资金投入、市场、政策等方面为工业绿色技术创新效率的提升提供土壤，同时也为产业结构演变提供空间载体与价值导向。产业结构的高政策敏感性使其成为工业绿色技术创新效率提升的关键利器，在适应政策调整的过程中，通过结构性演变推动技术效率提升。然而，以往城镇化发展与产业结构的不匹配导致资源利用效率不高、产业结构高级化程度较低，进而造成能源消费量增加、污染增大。鉴于此，需进一步注重产业结构的优化和经济发展方式的转变，以推动新型城镇化与产业结构相协调，最终促进工业绿色可持续发展。综上所述，研究新型城镇化与产业结构的耦合对工业绿色技术创新效率的作用机制，对于推动长江经济带生态文明建设与绿色经济发展具有重要现实意义。

8.2 文献回顾

国内外学者对新型城镇化、产业结构和绿色技术创新效率间的关系做了众多探索，本研究将从新型城镇化与绿色技术创新效率、产业结构与绿色技术创新效率、城镇化与产业结构的相互关系等三个方面进行文献综述。

首先，关于新型城镇化对绿色技术创新的影响学术界有不同观点，现有文献主要包括两类。其一，促进论。新型城镇化对绿色技术创新有显著的促进作用。新型城镇化能够通过要素的合理配置、结构优化以及技术外溢效应促进技术创新，且新型城镇化的促进效果会随着城市规模的扩大而增强（Pounmanyvong 和 Kaneko，2010；肖远飞等，2019）。其二，抑制论。新型城镇化对绿色技术创新效率有负向影响。有学者认为新型城镇化质量尚未达到对绿色技术创新产生正向效应的水平，总体上降低了绿色技术创新效率，但近年来新型城镇化对绿色技术创新效率的负向效应在逐渐减弱，且影响程度存在一定的区域差异（Kgarel，2010；郑垂勇等，2018；尚娟和廖珍珍，2021）。

其次，产业结构对绿色技术创新的影响多为促进作用。产业结构优化升级能显著促进技术创新效率空间溢出效应的形成（赵庆，2018）；随着我国产业结构不断升级，各产业对技术创新投入的承载与吸收能力会逐步提高，从而实现产业技术水平与创新效率的全面提升（任晓燕和杨水利，2020）。亦有观点指出技术创新与产业结构存在协同关系，二者的协同演进主要通过供给端各要素的结构转换以及需求端的引导等机制发挥作用；同时政府的干预行为也能通过制度、基础设施的完善与产业、贸易政策的调整促进技术创新与产业结构升级，间接影响二者的协同关系（刘新智和刘娜，2019；张倩肖等，2019）。

最后，新型城镇化与产业结构间的关系研究。新型城镇化和产业结构升级之间是相互依存、融合发展的（段炳德，2017；Hofmann 和 Wan，2013）。配第-克拉克定理认为产业结构会随着城镇化的发展而升级优化。同时，在工业化进程中，产业结构的演化升级会促进人口集聚，这种集聚最终会促进城镇化发展（Stolper，1941）；但也有学者认为城镇化发展并不能促使产业结构升级，甚至会起到阻碍作用。如 Farhana（2012）等认为发展中国家城镇化发展到一定水平时，在参与国际竞争过程中，容易陷入全球产业链分工底端，形成粗放型经济发展模式，对产业结构优化升级产生不利影响（Hope，1998；Farhana et al.，2012）。

综上，国内外学者对新型城镇化与产业结构对绿色技术创新的影响进行了丰富的研究，但在研究内容上主要是针对两两间关系及作用机制，且多为传统城镇化研究视角，研究方法主要集中于对单一模型面板数据的分析与效率测算，鲜有结合空间计量，考虑其地理相关因素，在有关特定区域的新型城镇化与产业结构协调关系对工业绿色技术创新效率的影响研究领域，涉及较少。基于此，本研究拟从以下方面进行拓展：（1）构建全面的新型城镇化与产业结构测评指标体系，采用耦合协调模型对二者的耦合协调度进行测算，并通过对比分析长江经济带新型城镇化与产业结构耦合协调度的时空差异。(2) 在科学计量长江经济带工业绿色技术创新效率的基础上，运用空间计量模型实证研究新型城镇化与产业结构耦合对工业绿色技术创新效率的影响机制，并提出具有针对性的对策建议。

8.3 耦合协调度测量

8.3.1 新型城镇化、产业结构测量指标

新型城镇化与产业结构是由众多要素组成的复杂系统，需要建立综合评价指标体系衡量其整体发展水平。对于评价指标的选取，参照关于新型城镇化与产业结构指标体系构建的研究成果（刘淑茹和魏晓晓，2019），本研究选取人口城镇化、城乡一体化、生活城镇化、生态城镇化、经济城镇化、社会保障城镇化作为新型城镇化的一级评价指标，共 37 个评价序参量；产业结构通常是指第一、二、三产业在整个经济结构中所占比重，但随着第三产业对经济的影响程度逐渐增大，单纯地通过三大产业产值或 GDP 占比已无法完全衡量产业结构的现状，故结合绿色生态发展新形势，选取产业高级化、产业合理化、产业偏离度、产业生态化作为产业结构化的一级评价指标，共 8 个评价序参量。具体见表 8-1。

表 8-1 新型城镇化与产业结构两系统指标体系及综合权重（上海市）

系统层	一级指标	二级指标	方向	权重
城镇化子系统	人口城镇化	城镇化率/%	正	0.026 4
		城镇人口密度/（人/km²）	正	0.016 2
		非农人口从业比/%	正	0.018 0
		城镇单位就业人口占总人口比重/%	正	0.026 0
	经济城镇化	城镇居民人均可支配收入/元	正	0.027 8
		每万人地方财政收入/亿元	正	0.034 6
		社会消费品零售总额/亿元	正	0.025 8
		每万人全社会固定资产投资/亿元	正	0.038 5
		人均 GDP/元	正	0.032 7
		非农产业增加值占 GDP 比重/%	正	0.009 5
		单位建成区面积实现的 GDP/（亿元/km²）	正	0.025 7
		地均房地产投资额/（km²/万人）	正	0.026 8

续 表

系统层	一级指标	二级指标	方向	权重
城镇化子系统	生活城镇化	每万人城镇建设用地面积/（亿元/km²）	正	0.040 4
		人均拥有图书馆藏书量/（本/人）	正	0.035 5
		人均城市道路面积/m²	正	0.041 4
		每万人拥有公共交通车辆/辆	正	0.017 3
		互联网普及率/%	正	0.021 0
		用水普及率/%	正	0.020 6
		燃气普及率/%	正	0.020 6
	生态城镇化	万人拥有公厕数/座	正	0.010 2
		日均污水处理能力/万 t	正	0.017 2
		人均公园绿地面积/m²	正	0.035 8
		建成区绿化覆盖率/%	正	0.016 0
		电力消费量（实物量）/亿 kW·h	正	0.020 5
		政府环境保护投入占GDP比重/%	正	0.035 0
		城镇生活垃圾无害化处理率/%	正	0.014 1
	城乡一体化	城乡居民收入比	负	0.016 1
		城乡泰尔指数	负	0.023 2
		城乡社区事务投入占GDP比重/%	正	0.034 9
		城乡恩格尔系数比（倒数）	负	0.014 5
	社会保障城镇化	城镇登记失业率/%	负	0.031 7
		单位人口拥有卫生技术人员数/人	正	0.018 6
		城镇养老保险参保率/%	正	0.028 6
		失业保险参保率/%	正	0.063 2
		职工基本医疗保险参保率/%	正	0.018 0
		工伤保险参保率/%	正	0.028 5
		生育保险参保率/%	正	0.068 8
产业结构子系统	产业高级化	产业高级度	正	0.114 3
	产业合理化	产业合理度	负	0.117 8
	产业偏离度	产业偏离度	负	0.110 6
	产业生态化	单位GDP能源消耗量/（kW·h/元）	负	0.123 5
		单位工业增加值用水量/（m³/元）	负	0.138 7
		单位增加值废水排放量/（t/万元）	负	0.118 4
		单位增加值二氧化硫排放量/（t/万元）	负	0.087 9
		工业污染治理投资占GDP比重/%	正	0.188 8

由于所选指标数据类型不一致（利率、比重、面积等），需对其数据进行归一化处理。为此本研究选取 min-max 标准化法处理原始数据，使之在 [0, 1] 区间内，经处理后的数据即为标准化值，其表达式如下：

$$E_j = -K \sum_{i=1}^{m} P_{ij} \ln(P_{ij}) \tag{8-1}$$

其中，$E_j = -K \sum_{i=1}^{m} P_{ij} \ln(P_{ij})$ 为第 i 个指标的标准化值；$E_j = -K \sum_{i=1}^{m} P_{ij} \ln(P_{ij})$ 为第 i 个指标的原始数据值；$E_j = -K \sum_{i=1}^{m} P_{ij} \ln(P_{ij})$ 为原始数据中的最小值；$E_j = -K \sum_{i=1}^{m} P_{ij} \ln(P_{ij})$ 为原始数据中的最大值。

在对原始数据进行归一化处理后，需要对各二级指标的权重进行计算。本研究选取常用的熵值赋权法计算各指标的权重，该方法基于指标的实际数据求得其权重，能够避免主观因素对权重计算产生的影响，结果更具有客观性。对于归一化后的评价矩阵 $E_j = -K \sum_{i=1}^{m} P_{ij} \ln(P_{ij})$，令第 j 个指标与第 i 个评价对象的贡献度为 $E_j = -K \sum_{i=1}^{m} P_{ij} \ln(P_{ij})$，由此求得所有指标对评价对象的贡献总量 $E_j = -K \sum_{i=1}^{m} P_{ij} \ln(P_{ij})$，其中 $K = 1/\ln(m)$，由此保证 $0 \leqslant E_j \leqslant 1$。再根据第 j 个指标的差异系数 g_j，求得权重 $w_j = \dfrac{g_j}{\sum_{j=1}^{n} g_j}$，其中 $g_j = 1 - E_j$。依据 2014—2018 年数据，计算出 11 省市综合权重。由于篇幅有限，文中仅展示上海市的权重，计算结果如表 8-1 所示，长江经济带其余 10 省市的权重表见文末附录。

8.3.2 耦合协调度模型构建

根据前述文献基础，运用系统论观点，可认为新型城镇化与产业结构是两个相互促进、融合协调发展的子系统，其协调发展水平测度可借鉴物理学中的容量耦合系数模型，其表达式如下：

$$C = 2\sqrt{\frac{f(x) \cdot g(y)}{[f(x) + g(y)]^2}} \tag{8-1}$$

其中 $f(x) = \sum_{i=1}^{n} a_i \cdot x_i^*$，$g(y) = \sum_{j=1}^{n} b_j \cdot y_j^*$；$x_i^*$ 为新型城镇化中第 i 个

指标的标准化值，α_1，α_2，$\cdots$，α_m 为对应于 x_1^*，x_2^*，$\cdots$，x_m^* 的指标权重；y_j^* 为产业结构中第 j 个指标的标准化值，b_1，b_2，$\cdots$，b_n 为对应于 y_1^*，y_2^*，$\cdots$，y_n^* 的指标权重。当 $f(x)$ 和 $g(y)$ 越高时，表明二者的发展状况越好，反之相反。

通过式(8-1)可计算得出耦合度，其取值范围为 $[0,1]$，C 值越大代表协调度越高。然而，上式可能还无法完全反映出所研究系统各自的发展水平，如当二者发展水平都低时，其耦合度可能仍维持较高。因此，这里引入综合评价指数 T 的耦合协调度 D，表达式如下所示：

$$T = \alpha f(x) + \beta g(y), \quad D = \sqrt{C \times T} \tag{8-2}$$

其中 α 和 β 为评价系数，其值均取 0.5；D 可反映城镇化与产业结构化的协同作用与关联度，参考相关文献中对协调发展类型的评判标准（邓宗兵等，2019），对各省份 2014—2018 年两系统的协调关系进行界定与阶段划分，共分为 10 个等级：极度失调（$0 \leqslant D < 0.1$），严重失调（$0.1 \leqslant D < 0.2$），中度失调（$0.2 \leqslant D < 0.3$），轻度失调（$0.3 \leqslant D < 0.4$），濒临失调（$0.4 \leqslant D < 0.5$），勉强失调（$0.5 \leqslant D < 0.6$），初级协调（$0.6 \leqslant D < 0.7$），中级协调（$0.7 \leqslant D < 0.8$），良好协调（$0.8 \leqslant D < 0.9$），优质协调（$0.9 \leqslant D \leqslant 1$）。

8.3.3 测量结果及分析

根据耦合协调度模型，选取 2014—2018 年数据，针对长江经济带 11 省市新型城镇化与产业结构发展水平及耦合协调度进行测度分析，结果见表 8-2。

(1) 耦合协调度增长趋势明显。表 8-2 数据对比可知，2014—2018 年间，长江经济带新型城镇化与产业结构耦合协调度得到了整体提升，由 2014 年的 0.753 提升到 2018 年的 0.902。2014 年有 10 省市为"中级协调"等级，占长江经济带区域的 90.91%，仅有浙江一省为"良好协调"等级。而 2016 年达到"良好协调"等级的省份为 9 个，相比 2014 年增加了 8 个省市，增长速度较快，且 2018 年上海、江苏、浙江、江西、安徽、湖北 6 省市进一步上升为"优质协调"等级，说明在长江经济带上升为国家重大区域战略后，各省市耦合协调水平都得到了不同程度的提升。

(2) 耦合协调水平区域差异明显。通过对比表 8-2 的动态数据可知，长江经济带耦合协调度水平呈现出"自上而下"阶梯递增趋势。2014 年长江经济带各地区除浙江省耦合协调度为 0.809 的"良好协调"等级外，其他省份均为"中级协调"等级；2016 年，中下游地区全部达到"良好协调"等级，而上游地区云南、贵州两省相对落后，仍处于"中级协调"等级；2018 年，中下游

第8章 机制3：新型城镇化与产业结构耦合对工业绿色技术创新效率的影响

地区除湖南为"良好协调"等级外，其余均为"优质协调"等级，而上游地区则全为"良好协调"等级，地区差异较明显。

（3）从两系统滞后类型上看，新型城镇化与产业结构发展也存在差异。对比2014年与2018年数据，可知5年间长江经济带整体新型城镇化与产业结构都得到了显著提升，新型城镇化得分从2014年的0.555上升到2018年的0.823，产业结构得分从0.586上升到0.809。但在新型城镇化方面，2018年下游新型城镇化发展水平最高，水平得分处于0.833－0.878之间；其次是中游地区，水平得分处于0.798～0.851之间，整体新型城镇化发展良好；上游地区新型城镇化发展速度最缓，水平得分处于0.687～0.850。在产业结构发展方面，中游地区的产业结构起步得分较低，仅为0.570，但发展速度最快，由0.570提升到0.833；上游地区的产业结构水平最低，且发展较慢，5年间，整体得分从0.564上升为0.788。从整体看，在前期多为城镇化发展滞后于产业结构，而后是新型城镇化发展领先于产业结构；从局部看，中游仍存在城镇化滞后于产业结构的现象，而上下游则是产业结构落后于城镇化发展。

表8-2 2014—2018年长江经济带新型城镇化与产业结构耦合度分布情况

区域	省份	新型城镇化得分			产业结构得分			耦合协调度			协调发展等级			滞后类型		
		2014	2016	2018	2014	2016	2018	2014	2016	2018	2014	2016	2018	2014	2016	2018
上游	云南	0.471	0.567	0.687	0.545	0.647	0.908	0.712	0.778	0.889	中级	中级	良好	城镇化	城镇化	城镇化
	贵州	0.499	0.624	0.846	0.578	0.618	0.744	0.733	0.788	0.891	中级	中级	良好	城镇化	产业结构	产业结构
	四川	0.591	0.637	0.800	0.577	0.646	0.771	0.764	0.801	0.886	中级	良好	良好	产业结构	城镇化	产业结构
	重庆	0.609	0.690	0.850	0.555	0.624	0.728	0.763	0.810	0.887	中级	良好	良好	产业结构	产业结构	产业结构
	均值	0.543	0.629	0.796	0.564	0.634	0.788	0.743	0.794	0.888	中级	中级	良好	城镇化	产业结构	产业结构
中游	江西	0.530	0.633	0.798	0.702	0.792	0.921	0.781	0.842	0.926	中级	良好	优质	城镇化	城镇化	城镇化
	湖北	0.557	0.628	0.851	0.546	0.659	0.808	0.743	0.802	0.911	中级	良好	优质	产业结构	城镇化	产业结构
	湖南	0.571	0.641	0.806	0.589	0.687	0.732	0.761	0.815	0.877	中级	良好	良好	城镇化	城镇化	产业结构
	安徽	0.564	0.621	0.823	0.443	0.706	0.871	0.707	0.813	0.920	中级	良好	优质	产业结构	城镇化	城镇化
	均值	0.556	0.631	0.820	0.570	0.711	0.833	0.748	0.821	0.908	中级	良好	优质	城镇化	城镇化	城镇化
下游	上海	0.451	0.742	0.833	0.553	0.741	0.812	0.707	0.861	0.907	中级	优质	优质	城镇化	产业结构	产业结构
	江苏	0.644	0.738	0.878	0.610	0.827	0.802	0.792	0.884	0.916	中级	优质	优质	产业结构	城镇化	产业结构
	浙江	0.602	0.740	0.849	0.711	0.816	0.807	0.809	0.881	0.910	良好	优质	优质	城镇化	城镇化	产业结构
	均值	0.565	0.740	0.853	0.625	0.794	0.807	0.769	0.875	0.911	中级	优质	优质	城镇化	城镇化	产业结构
整体	均值	0.555	0.667	0.823	0.586	0.713	0.809	0.753	0.829	0.902	中级	良好	优质	城镇化	城镇化	产业结构

8.4 机制分析变量、模型与数据

8.4.1 变量选取与测量

被解释变量。工业绿色技术创新效率（GTIE），即为第4章中测算得出的静态效率值。

核心解释变量。根据已有研究表明，新型城镇化与产业结构可能会对工业绿色技术创新效率产生影响，故采用新型城镇化与产业结构耦合协调度（D）、新型城镇化发展水平（UR）、产业结构发展水平（IS）作为核心解释变量，具体指标与测量方法前文已列出。

控制变量。通过对相关文献的梳理，总结出以下几个控制变量：(1) 对外开放度（OP），伴随外商直接投资的技术引进能促进地区技术进步和创新能力的提升。运用外商直接投资实际使用金额与地区国内生产总值的比值来衡量对外开放度（范承泽等，2008）。(2) 市场化程度（DM），市场化是新型城镇化与产业结构发展的重要推动力。采用樊纲、王小鲁（2011）的计算方法进行测算，即市场化指数。(3) 立体交通指数（DT），交通基础设施是促进创新要素流动、降低交易成本、改善经济运行环境的基本要素。采用铁路营业里程与公路里程的几何均值与地区国土面积之比作为衡量基础设施水平的指标，即立体交通指数。(4) 政府干预程度（GC），政府干预会直接影响地区经济运行环境和科技创新活动，采用政府科技财政投入与GDP的比值来衡量。

8.4.2 模型构建

影响机制分析模型主要涉及SBM模型、空间计量模型等，均在第4章、第5章中进行了详细阐述，此处不再赘述。

8.4.3 数据来源

本研究数据来源与上文其他章节中保持一致。在进行数据整理与计算时，存在的极少数指标数据缺失问题，将采用线性插值法进行补充。为减少数据异方差和极值对估计结果产生的影响，本研究变量均做标准化处理。表8-3为变量间的皮尔森相关系数矩阵，各主要变量间的相关性显著，满足展开进一步分析的条件。

表 8-3　变量间相关系数矩阵

变量	GTIE	IS	UR	D	OP	DT	DM	GC
GTIE	1							
IS	0.137	1						
UR	0.224	0.729***	1					
D	0.196	0.921***	0.937***	1				
OP	0.592***	0.103	0.126	0.117	1			
DT	0.585***	0.158	0.228	0.184	0.928***	1		
DM	0.724***	0.316	0.458	0.422	0.727***	0.737***	1	
GC	−0.585***	−0.213	−0.323	−0.298	−0.315	−0.381***	−0.789***	1

注：***表示 $p<0.01$，**表示 $p<0.05$，*表示 $p<0.1$

8.5　实证结果与分析

8.5.1　模型选择

1. 空间自相关检验

基于上述工业绿色技术创新效率的测度，运用 Stata 15.1 软件，根据行标准化后的 0～1 邻接空间矩阵，计算 2014—2018 年工业绿色技术创新效率的全局莫兰指数，分析地区间绿色技术创新效率的空间相关性以及是否具备空间集聚特征。由第 5 章研究表明，Moran'I 指数随着时间的推移显著性逐渐增强且均为正值，表明各地区间的工业绿色技术创新效率具有空间依赖性，而非随机分布，由此可以推断地理位置邻接是影响工业绿色技术创新效率的重要因素，选用空间计量模型探究工业绿色技术创新效率的影响机制具有合理性。

2. 模型对比与选择

为进一步验证新型城镇化与产业结构的耦合对工业绿色技术创新效率的空间效应，采用三种常见的空间计量模型以及 OLS 回归模型对数据进行回归对比（如表 8-4 所示），选择最优空间计量模型。从 $sigma^2$、$\log L$ 统计量来看，

SDM 回归拟合效果更为理想。

表 8-4 四类面板回归模型比较

变量 GTIE	OLS 模型 系数	OLS 模型 P 值	空间杜宾模型（SDM） 系数	空间杜宾模型（SDM） P 值	空间误差模型（SEM） 系数	空间误差模型（SEM） P 值	空间滞后模型（SLM） 系数	空间滞后模型（SLM） P 值
ρ	\	\	-2.760***	0.006	-3.100***	0.002	-0.860	0.391
R^2	0.548	0.433	0.081	0.174				
sigma^2	\	\	5.050	0.000	4.240	0.000	5.210	0.000
log L	\	\	70.771	\	44.842	\	43.030	\

注：*** 表示 $p<0.01$，** 表示 $p<0.05$，* 表示 $p<0.1$

为确保实证结果的准确性，运用 LM（拉格朗日统计量）方法、LR 方法、Wald 方法对其进行稳健性检验，检验模型选择的适用性和精确性，结果如表 8-5 所示。

表 8-5 模型检验结果

	模型	卡方值	st	P 值
LM 检验	/	7.323	0.007	
LR 检验	sdmvsem	/	5.357	0.021
	双固定	32.67	/	0.000
Wald 检验	sdmvsar	55.48	/	0.000
	sdmvsem	51.86	/	0.000
	SAR	101.59	/	0.000
hausman 检验	SEM	75.89	/	0.000
	SDM	31.58	/	0.000

表 8-5 可以得出，LM 检验结果 P 值分别在 1‰、5‰ 统计范围内显著，拒绝原假设，即 SDM 模型（空间杜宾模型）相比 SEM（空间误差模型）、SLM（空间滞后模型）更优；同时，Wald 检验结果同样在 1‰ 条件下显著；最终根据 LR 检验、Hausman 检验联合佐证，相比使用个体固定、时间固定效应，双固定效应空间杜宾模型更加适配本研究统计数据，说明所选用模型能够较好地反映长江经济带 11 省市的实际情况。

8.5.2 空间杜宾模型结果分析

为详细探究长江经济带新型城镇化与产业结构耦合对工业绿色技术创新效率的影响，本研究采用空间杜宾模型时间固定、个体固定、双固定三种固定效应模型进行横向对比，结果如表 8-6 所示。

表 8-6 空间杜宾模型对比

变量	空间杜宾模型（SDM）					
	个体固定	P 值	时间固定	P 值	双固定	P 值
IS	−4.249	0.120	0.683	0.872	−4.108	0.141
UR	−3.832	0.183	2.314	0.596	−4.662	0.119
D	15.595*	0.075	2.515	0.857	15.207*	0.099
OP	0.319	0.567	0.688*	0.079	1.281***	0.009
DT	−0.002***	0.013	0.000***	0.009	−0.002***	0.00
DM	0.060*	0.291	0.073*	0.193	0.087	0.134
GC	−1.017	0.633	−1.765	0.136	2.231	0.292
$W×$IS	−7.554*	0.083	−3.510	0.685	−10.657*	0.059
$W×$UR	−12.757***	0.004	−4.312	0.632	−16.343***	0.005
$W×$D	34.223**	0.018	14.536	0.611	41.158**	0.024
$W×$OP	3.948***	0.005	2.125**	0.019	4.393***	0.003
$W×$DT	−0.002	0.208	0.001**	0.011	−0.006**	0.015
$W×$DM	0.077	0.522	0.159	0.272	0.166*	0.094
$W*$GC	5.178*	0.051	−2.015	0.393	11.016***	0.000
ρ	−0.300	0.763	−2.240**	0.025	−2.760***	0.006
sigma²	5.240***	0.000	5.100***	0.000	5.050***	0.000
R^2	0.326		0.437		0.433	
log L	54.437		27.3034		70.771	

注：＊＊＊表示 $p<0.01$，＊＊表示 $p<0.05$，＊表示 $p<0.1$。

（1）空间相关性检验。模型估计结果显示，三种效应的空间模型系数 ρ 值分别为−0.300、−2.240，−2.760，除个体固定效应不显著外，双固定与时间固定效应均通过了显著性检验，综合对比后选取双固定效应下的结果展开分析。结果表明长江经济带工业绿色技术创新效率存在显著的空间相关性。此外，研究还引入了外生交互效应探究前因变量对工业绿色技术创新效率结果变量的影响，引入交互项前后的影响系数及其显著性表明新型城镇化与产业结构耦合对工业绿色技术创新效率不仅有直接影响，还有间接影响。在考虑外生交互项的三种固定效应下，新型城镇化与产业结构的耦合协调度、对外开放水平、市场化程度系数均为正且在双固定效应下最为显著，对工业绿色技术创新效率的影响效应明显；立体交通指数、政府干预程度的外生交互影响方向及显著性均有所差异，这是因为固定效应类别不同形成的正常化差异，不影响本研究最终结果。

（2）核心解释变量影响结果。新型城镇化与产业结构耦合协调度在10%的水平上显著为正，系数为15.207。这说明耦合度的提升对工业绿色技术创新效率产生了明显的正向作用，即耦合度每上升1%，长江经济带工业绿色技术创新效率会上升15.207个百分点。新型城镇化与产业结构的良好配合会对一个地区绿色技术创新效率的提升提供优质的发展环境与技术、资金支持，地方政府在推行新型城镇化的过程中会加大对绿色技术的支持力度，而合适的产业结构对于新兴绿色创新技术的研发推广与落地应用也至关重要。同时，代表对周边省市空间传导效应的外生交互项 $W \times D$ 在5%的水平上显著，且系数为41.158，可以认为周边相邻省市耦合协调水平的提升对本地工业绿色技术创新效率有明显的促进作用。

此外，新型城镇化（UR）、产业结构（IS）两个变量在空间杜宾双固定效应下的模型系数 P 值分别为0.119、0.141，系数为-4.662、-4.108，不具显著性；但在空间溢出效应上两者阻碍作用变得显著，系数分别为-16.343、-10.657，即会对拥有不同产业链分工的周边省市产生负面影响。这可能是由于本研究采用的是邻接矩阵，在各省份内部由于"技术内化""产业同质化"等当地特色因素阻碍了产业结构、新型城镇化对工业绿色技术创新效率单一促进作用的发挥，再加上虹吸效应的存在，对周边省市还会造成负向影响。由此可见，在地理相邻情况下，产业结构与新型城镇化两者任何一个单独发挥作用或者有一方滞后就会造成两者之间的不协调，使其正向作用难以发挥，只有两者达到良好的耦合协调时，才能发挥出显著的促进作用，对周边省市的影响亦如此。

（3）控制变量影响结果。对外开放程度在1%的水平下显著为正，系数为1.281，这说明开放程度的提高对工业绿色技术创新效率的提升产生了明显的积极作用。立体交通指数在1%的水平上显著为负，系数为-0.002，近乎于零，这表明现阶段长江经济带"黄金水道"作用尚未充分发挥，各地交通可能仍然存在"壁垒",地方保护主义与省界交通的"疏浚"效果并不明显,需要沿线各省市的充分合作。市场化程度估计系数为0.087,但不显著,这表明市场化程度对工业绿色技术创新效率起着正向影响,但并不明显。政府干预程度对工业绿色技术创新效率的影响不显著,系数为2.231。一般认为,政府对于本区域内的绿色技术创新进行干预与政策性补助会优化区域整体创新环境,激发各工业企业绿色技术研发的积极性,进而有效提升绿色技术创新效率,但该结论在本研究中并不具有统计显著性。

8.5.3 稳健性检验

为了进一步解决测量误差或遗漏变量引起的内生性问题,考虑到可能存在的时滞性,参考相关研究(张桅和胡艳,2020),选取滞后一阶的核心解释变量作为工具变量代入原模型进行二次检验。根据回归结果可知(表8-7),虽系数大小有差异,但变量的显著性及影响方向均未发生根本变化,与基准回归结果较为一致,可以认为在一定程度上克服了可能存在的内生性问题,结论具有稳健性。

表 8-7 稳健性检验结果

IS	UR	D	OP	DT	DM	GC
−0.409	−0.552	1.201**	2.194***	−0.002***	0.053	3.111

8.6 本章小结

本研究利用2014—2018年长江经济带省级面板数据,构建耦合协调模型对长江经济带11省市新型城镇化与产业结构耦合协调程度进行测度,并运用空间计量模型实证检验了新型城镇化与产业结构耦合对工业绿色技术创新效率的影响。相关结论与建议如下:

(1) 长江经济带新型城镇化与产业结构耦合协调发展水平得到了整体提升。截至2018年,长江经济带整体已达优质协调,其中,下游3省市和中游湖北、江西、安徽3省为优质协调,其他5省市为良好协调,但都仍有提升空间。完善新型城镇化与产业结构的协调互动发展体制机制,推动二者的深度耦合,仍是今后推动长江经济带高质量发展的一个重要方面。要深入推进产业结构的转型升级以更好融入新型城镇化的发展,适应以人为本、生态文明的发展新观念；加大对社会资本的吸纳能力，引导社会资本在产业转型过程中的规划、培育、建设运营等各个方面发挥作用，为新型城镇化的持续发展提供动力；需健全推进新型城镇化与产业结构发展的相关政策制度，促进城镇化与产业结构内生融合动力机制形成。

（2）地区之间耦合协调度分布差异明显。在发展水平上，存在城镇化与产业结构交替滞后的现象，且在耦合协调度的空间分布上，呈现出东高西低的聚类分布特征。在保证长江经济带各地区新型城镇化与产业结构稳步推进的同时，要兼顾二者的协调发展，防止城镇化难以支撑产业结构变革，产业结构不能适应城镇化发展的现象发生。建立多样化的区域合作模式，消除地区间的行政壁垒及合作障碍因素，促进创新要素在邻域及更大空间范围内完善市场化配置，发挥中心城镇以及重点城市群的辐射带动作用，释放绿色技术创新的红利，以缩小地区间绿色技术创新的梯度差距。

（3）新型城镇化与产业结构的耦合协调发展能够促进工业绿色技术创新效率的提升，但两子系统并未能单独对其产生显著影响，必须通过二者的协调配合。一方面，要加快传统工业生产的绿色化转型，强化工业绿色技术创新的科研力度，加快推进沿岸钢铁化工企业的"退转搬"，优化长江经济带传统产业的转型升级环境。在新发展理念指导下，大力发展新能源汽车产业、新能源装备制造等新兴绿色产业，推进绿色创新要素流动平台建设，增强绿色科技创新能力。另一方面，调整新型城镇化的发展思路，因地制宜，发挥区域自身优势，吸引社会闲散资金投资与优质科技人才落户，为绿色技术创新提供充足的资金及人才保障，加强基础性绿色科技的研发力度，重点突破绿色关键技术以推动传统产业的绿色升级。

第9章 长江经济带工业绿色技术创新效率的提升对策

根据前文对工业绿色技术创新效率的评价、影响因素及影响机制分析，同时结合长江经济带工业发展的基础条件，本章将针对如何提高长江经济带工业绿色技术创新效率进行深入探讨并提出政策建议和保障措施。首先采用SWOT分析工具，对创新效率提升面临的机遇和挑战、具有的优势和劣势进行简要分析。

9.1 提升工业绿色技术创新效率的SWOT分析

SWOT分析法是战略管理中环境分析的常用方法之一。所谓SWOT分析，就是将企业的各种主要内部优势因素（strengths）、劣势因素（weaknesses）、机会因素（opportunities）和威胁因素（threats），通过调查罗列出来，并依照一定的次序按矩阵形式排列起来，然后运用系统分析的思想，把各种因素相互匹配起来加以分析，从中得出相应的结论。

本次评价以长江经济带工业发展为对象，进行SWOT分析。

（1）机会因素（关键外在机会）：①国家十分重视长江经济带地区的绿色发展问题，习近平总书记亦提出要使长江经济带成为我国生态优先绿色发展的主战场、成为畅通国内国际双循环的主动脉、成为引领经济高质量发展的主力军，外部政策环境较好。②随着新一轮科技革命的展开，信息和数据成为新的重要生产要素，科技创新亦成为发展的主要推动力，这将促使企业进一步开展创新活动。

（2）威胁因素（关键外部威胁）：①长江经济带地区环境压力仍然存在，工业污染仍在持续；②日益严格的环境标准，对工业企业提出更高要求；③市场机制的发育不健全，资源配置效率较低；④工业的产业结构布局欠合理。

（3）优势因素（关键内部优势）：①长江经济带有比较完备的工业基础和完善的交通基础设施；②政府日益完善的招商引资环境；③较为丰富的工业发

基础资源；④供给充足且价格低廉的水电能源。

（4）劣势因素（关键内部劣势）：①大多工业企业经营粗放，产品结构单一；②产业配套能力不强，耦合协调不够，产品链不长；③技术研发和创新能力不足；④产品没有形成规模效益，成本较高；⑤资源利用率偏低；⑥绿色经济发展的技术基础较薄弱。

因此，为提高长江经济带工业绿色技术创新效率，应扬长避短，充分发挥比较优势，同时，大力改进影响长江经济带工业绿色创新效率的薄弱环节，补齐短板。具体而言，应从加强区域交流合作、加大科技创新投入、提高对外开放水平、优化产业结构、营造良好创新环境、强化企业主体地位等角度寻求对策措施。

9.2 提升工业绿色技术创新效率的具体对策

提升长江经济带工业绿色技术创新效率的关键，是要着力提高绿色技术创新投入产出比，依据其影响因素和影响机制，提出具有可操行性的对策建议。

9.2.1 加强地区间的交流合作

长江经济带一体化发展，是促进其高质量发展的基本要求。由前文分析可知，地区间在关键绿色技术上可能还存在一定的地方保护主义。依据实证分析表明，地理相邻不是促进而是阻碍了长江经济带工业绿色技术创新效率的提高。加强各省市间的交流，旨在缩小地区间绿色技术创新效率差距。

首先，各省市应明确自身发展功能定位，梳理自身绿色资源的相对优劣势，重新对产业布局的合理性和科学性进行全盘考量。探索出具有地区特色的绿色经济增长点，培养符合自身产业布局的绿色业态，进一步明确地区创新主体，并针对其优势领域进行重点研究，开发新的绿色技术。在此基础上，定位绿色发展方式，可聚焦以省会城市为核心的协同创新发展战略，建立符合绿色经济要求、同资源环境承载力相适应的产业布局，促进各省市、地区之间的协同发展，增强绿色创新的辐射带动作用。

其次，学习借鉴优秀经验。通过对绿色技术创新效率的评价发现，长江经济带工业绿色技术创新效率整体偏低，平均效率低于0.8，区域间呈上中下游逐级递增的效率分异特征。因此，必须依据区域差别而构建针对性的合作沟通机制。上游地区工业绿色发展的有关资源相对丰富，但目前效率值仍处于较低水平，可取长补短，积极承接中下游地区的产业转移，通过承接产业转移提升自身技术水平和管理效能；中游省市效率进步明显，尤其是安徽省，一直保持较高效率，江西虽效率不高，但逐年进步明显，应从当地工业绿色发展扶持政策、制度、企业等各方面展开对标分析，明确自身不足，以弥补劣势；下游省市绝大部分处于高效率水平，且发展稳定，应充分发挥自身优势，引进高技术人才，着力绿色生产技术和清洁技术的领先发展。

最后，促进高水平技术型人才在长江经济带的自由流动，引进一批高水平人才。完善人力资源配置，破除人才流动障碍，让高水平人才得以自由流动，特别是向上游欠发达地区的流动，实现人尽其才、才尽其用、用有所成。长江经济带沿线高校及科研院所众多，教育实力较强，应鼓励高校、研究机构流动岗位的设立，便于吸引更多具有优秀科研素养的研发人员与企业家兼职，积极促进科技人才在企事业单位间的流动，进一步为人才双向流动提供便利。同时，在国内国际引进一批具有关键绿色技术研发经验的高水平人才，助力绿色技术研发，在基础研发上抢占先机。

9.2.2 加大科技创新投入力度

由实证分析可知，科技创新环境对绿色技术创新效率具有显著正向影响，且在影响机制分析中发挥了正向调节作用，科技创新投入是衡量科技创新环境的主要指标。创新投入内容可分为人力投入和资金投入，创新投入主体可分为政府和企业。

建立多元化创新研发投入体系。政府部门要协调中央财政投入与地方创新发展的供需平衡，发挥政府部门对研发的管理优势，进一步加大财政科技投入，引导地方政府、市场主体、高校、研究机构等加大科技研发投入力度，积极引导政府和企业加大对我国基础应用和战略前瞻等研究的投资力度，将来自民间的资本和来自金融机构的资金都充分融入创新领域，将科技投入体系打造成集合多元化、多渠道、多层次的综合性投入体系。

完善科技创新资金投入的优惠政策体系，提高研发资金的针对性和使用效率，推动高新技术企业税收优惠、研发费用加计扣除、科研项目管理体制改革等支持政策的有效落实，激发和调动市场主体创新投入与企业开展研发活动的积极性，增加全社会研发经费的投入强度，充分发挥创新对我国经济转型升级的支撑和引领作用。

提高基础研究占比，完善基础研究投入机制，国家财政投入是基础性研究投入的重要主体之一。需要对企业与政府投资实行积极的引导与鼓励政策，提升基础研究在财政投入中的占比，争取形成全社会多措并举支持鼓励基础研究的合力。

培育集聚创新型人才队伍。关于人才培养，需对创新型科技人才管理进行科学分类，深化高校创新创业教育改革，定制个性化培养路径，探索研究生专业学位与学术学位分类培养的新模式，通过科教结合、产学结合，强化基础教育、兴趣爱好、创造性思维等多方面培养，有机结合专业教育与创新创业教育，支持高职院校完善产学研用一体化的协同育人模式，加强应用型、技能型人才培养。加大对高层次人才的扶持，瞄准战略性新兴产业和世界科技前沿，在重点领域培养一批具有前瞻性和国际眼光的杰出创新团队。对于人才引进，针对急需紧缺的特殊型人才，实行特殊政策，鼓励企业、高校、研究机构加大力度开辟专门渠道实现精准引进，加大对国内与海外高层次人才的引进力度。

同时，提升创新研发的保障条件。统筹科技资源、科研条件保障设施的开放共享服务，根据功能定位的差异，将现有的科研基地归纳整合为战略综合类、科学研究类、技术创新类、基础支撑类等几大板块。从地方政府的角度出发，可以依据当地的经济社会发展状况，并结合地方优势产业，建设更适合自身发展的科技创新基地。在有望引领未来发展的重大创新领域，可以将国家实验室、国家技术创新中心的建设布局与之对接，整合各类平台资源，以国家重点实验室为重要载体，加强科学研究基地与创新研发服务平台的建设，不论是科研仪器设施，还是科学数据文献，都可通过创新研发资源的共享服务平台体系获取，以此夯实科技创新的物质条件基础，提升科研保障条件支撑能力。

9.2.3 拓展对外开放的深度和广度

影响因素及影响机制分析均显示对外开放程度对工业绿色技术创新效率具有显著正向影响，因此应进一步扩大对外开放的深度和广度。当前，国际经济合作和竞争局面正在发生深刻变化，全球经济治理体系和规则面临重大调整，引进来、走出去在深度、广度、节奏上都是过去所不可比拟的，应对外部经济风险、维护国家经济安全的压力也是过去所不能比拟的。在新老方式转变、新旧动力转换的关键阶段，更加需要丰富对外开放内涵，提高对外开放水平，提高利用"两个市场、两种资源"的能力，为发展注入新动力、增添新活力、拓展新空间。"一带一路"建设成为扩大开放的战略举措和经济外交的顶层设计，"长江经济带"新一轮开放开发、长江中游城市群上升为国家战略，一个更高水平的开放格局正在形成。在多重国家重大战略的加持下，长江经济带当以更强烈的机遇意识，更坚定的发展信心，更主动的作为，变大机遇为大发展。

伴随着发展阶段、内外形势的变化,改革正步入深水区,开放的进一步扩大和深化也面临不少新的课题。能不能在抢抓大机遇中乘势而上,就看长江经济带能不能将扩大开放与国家战略更加紧密地衔接起来;能不能坚决破除一切阻碍对外开放的体制机制障碍,推动外向型经济发展取得新突破;能不能以更大的勇气和决心推进政府职能转变、优化营商环境,吸引更多技术、资金和人才的集聚。以开放倒逼改革创新、推动结构调整、促进转型升级,才能形成新的竞争优势,培育新的发展动能。

9.2.4 深入推进产业结构优化升级

前文影响因素分析结论得出产业结构是阻碍工业绿色技术创新效率提升的主要因素。对长江经济带而言,制约工业产业结构升级的主要问题如下:一是劳动力、土地、资源等传统要素的比较优势逐渐削弱,随着社会经济的发展,能源和资源消耗量逐年提升,工业用地日益紧张,劳动力成本逐步上升,加上人口老龄化严重,人口红利逐步丧失,因此工业发展的传统模式已不再适应社会发展。二是重化工业产能过剩,生态环境恶化加剧。钢铁、石化、化工、有色金属等重化工业在长江经济带工业中占比较高,对重化工业的过度投资导致明显的产能过剩,传统粗放型发展方式对生态环境造成了较大污染和破坏,不具可持续性。三是制造业绿色制造水平较低,缺乏核心创新能力,生产效率低下,产品缺乏竞争力。各省市虽然采取了众多"关改搬转"举措,但仍然存在数量较多的小炼钢、小水泥、小酒精、小炼铁以及小型火电机等落后产业企业,环保清洁设备生产与利用还处在初级阶段。长江经济带大多工业企业缺乏原创绿色技术,企业自主创新研发投入强度与发达地区相比存在较大差距。四是工业品牌效应不强,缺乏具有影响力的企业集团或产业集群。目前长江经济带以钢铁、新能源汽车、石化等资金技术密集型产业为主的现代制造业集聚区已形成,但其他产业集群仍处于起步成长阶段,与建设目标还有较大差距。

因此,加快工业产业结构升级应从以下方面着手:其一,根据市场原则,发挥比较优势,构建具有长期竞争优势的先进制造业集群。进一步发挥汽车、钢铁等制造业的竞争优势,加大技术改造力度,培育规模效益,延长企业的产业链,重点培育一批有比较优势的子行业。其二,通过承接产业转移加快产业结构升级步伐。发挥劳动力的相对优势,形成与周边地区的产业结构互补格局,发展信息化制造业、电子通信设备制造业等具有潜在竞争优势的新兴产业。同时创新引进高端制造业,提高制造业附加值,积极参与国际市场分工与合作,努力培育具有国际竞争优势的产业。其三,构建工业与服务业的双拉动发展格局。长江经济带生产性服务业与高端服务业整体发展滞后，须在新的发展条件下，有效降低制造业生产成本，构造可持续的竞争优势。在市场运作、政府引导、项目规划、法规建设以及财政、行业标准等方面对生产性服务业和高端服务业的发展给予支持，通过现代服务业的发展为工业产业结构升级提供有力支撑，工业的发展也可反向为现代服务业开辟新的发展空间。

9.2.5 优化外资利用

影响因素分析结果表明，外资依存度与工业绿色技术创新效率相关性不显著，虽无统计学意义，但两者呈现负相关，说明外资利用总体上可能存在不合理现象。影响机制分析亦表明，外商直接投资存在门槛效应，换言之，即外商直接投资存在合理区间，这表明在积极利用外资的基础上应注意分辨外资质量，避免成为劣质外资的"污染避难所"，需将外商直接投资保持在合理范围。

已有研究发现，长江经济带外资利用存在以下问题：一是外资来源较为单一。外资利用主要来源为日韩等国，集中在亚洲少数国家，对英美、欧洲等国的招商引资力度相对较小。二是外资利用地区分布不均。外商投资在长江经济带地域分布不均，主要集中于中下游省市上，长期以来不利于全局的均衡发展，城市发展差距不断扩大。三是外资利用软硬环境有待完善。部分部门、企业及个人还未树立"合作共赢"的理念，一些管理不规范行为仍然存在。在基础设施建设上仍有待提高，尤其在县域基础设施配套程度上存在较大差距，一定程度上阻碍了外资进入。

针对以上外资利用问题，应采取如下解决措施：首先，创新外资引进模式。丰富外资来源构成，在抓稳亚洲日韩投资的基础上，着眼于其他国家及地区的引资工作，结合各省市的具体需求和优势，加大对其他国家和地区的招商引资力度。其次，平衡外资区域结构，应以长三角城市群为中心不断向周边地区或城市辐射、扩散。统筹考虑、整合资源，打造承接产业转移的示范城市，在稳定长三角城市群的基础上，加大力度发挥中上游的特有优势，重点推动武汉、成都、重庆、贵州、云南等地的加快发展，缩小地区间的发展差距。再次，优化外商投资产业结构。强化外资流入的产业导向，优化产业结构，加强产业链建设。以制造业为基础，以龙头企业作为产业链的核心，带动相关产业项目发展，逐步向产业链两端发展，推动形成产业集群，进一步提高制造业影响力、竞争力。在节能环保、生物产业、新能源、新兴信息产业、高端装备制造业等产业领域促进外资引入和利用，吸引外资项目向高精尖的高端产业发展。最后，完善基础设施建设，改善外商投资的软硬环境。长江经济带应进一步加强交通运输体系的完善，改善交通条件，为投资者提供更优的交通环境以吸引外资。

此外，需重视外资质量，加强对生态环境的保护力度。根据影响机制的分析，外资利用应控制在合理的范围内，降低引进外资可能带来的环境污染等风险性问题。对外资进行判别，注意区分外资质量，合理处理"数量与质量"的矛盾。要促使外商投资状况与长江经济带的实际情况相结合，政府应适当合理的调控外资引进规模和质量。

9.2.6 建立良性的市场竞争氛围

影响因素分析表明，市场竞争环境与工业绿色技术创新效率呈负相关，但影响不显著，无统计学意义；影响机制分析表明，市场竞争在对外开放与工业绿色技术创新效率中发挥着部分中介作用，且能够促进效率提升，研究结论说明良好的市场竞争环境对效率提升有积极作用。

市场竞争氛围若出现不良现象，对绿色技术创新效率会造成严重的负面影响，因此有必要提前注意规范市场竞争氛围。

第一，加快构建良性竞争政策体系，加大竞争执法力度，维护公平竞争的市场环境。全面落实公平竞争审查制度，坚决打破行政性垄断。加大反垄断法、反不正当竞争法、价格法等执法力度，严肃查处达成实施垄断协议、滥用市场支配地位行为。依法制止滥用行政权力排除、限制竞争行为，打破地域分割和行业垄断，保障市场公平竞争。加大知识产权保护力度，探索惩罚性巨额赔偿制度，增强打击侵权假冒违法行为的震慑力。

第二，完善监管体制机制，创新监管方式，着力提升市场监管整体效能。推进市场综合执法改革，建立健全综合监管部门和行业监管部门的协调配合机制。建立以重点监管为补充、以信用监管为基础的新型监管机制，加强大数据、云计算等信息技术在市场监管中的应用。落实生产经营者主体责任，加强行业自治功能，充分发挥社会公众、中介机构、新闻媒体等对市场秩序的监督作用。

第三，注重重点整治，协防协控。针对公用企业利用优势地位破坏市场竞争、损害消费者利益现象，查处一批有影响力的限制竞争案件，有效减轻企业负担，保护消费者权益。同时，以贯彻实施新修订的《中华人民共和国反垄断法》为契机，每年组织各有关部门共同开展打击不正当竞争保护品牌商誉网络市场监管专项行动，形成常态化机制，严厉查处网络市场中各类侵犯知识产权的不正当竞争行为。

9.2.7 提高能源利用效率

从上文研究可知,长江经济带能源消费量逐年增长,这在一定程度上会增加工业三废的排放,对环境产生不良影响。

首先,提高能源利用效率。能源是工业生产的基础资源,能源的浪费必然会影响工业绿色技术创新效率的提高。因此工业企业应大力推进绿色生产技术创新,优化生产工艺,通过提高技术创新水平来减少生产活动中的污染排放。对煤炭消费总量进行合理控制,提升煤炭利用率,积极淘汰落后产能,走新型工业化道路。

其次,加大对清洁能源和可再生能源的开发力度。煤炭一直在工业生产中占据主要地位,然而煤炭的碳排放系数较高,因此对环境造成的污染较大,阻碍了长江经济带工业绿色技术创新步伐。应该在能源消费结构上积极寻求改变,大力发展水能、风能、太阳能等清洁能源,努力开发可再生资源,逐渐提升清洁能源及可再生能源的消费比重,降低对煤炭资源的过度依赖,进而提高长江经济带工业绿色技术创新效率。

9.2.8 树立并强化企业主体地位

工业企业作为绿色技术创新活动的主体,在绿色技术研发、成果转化的过程中均发挥着主体作用,政府有必要对工业企业提供适当的支持与引导,依靠外界"输血"难以从根本上实现发展,且不具备可持续性,因此工业绿色发展主要依赖于企业自身。需激发企业进行绿色技术创新活动的积极性,使得企业在绿色技术创新活动中发挥重要的主导作用。

工业企业主体地位的发挥需从以下方面着手:其一,工业企业应明确绿色技术创新的目的,绿色技术创新并非单纯追求企业经济效益的最大化,而是要实现环境、经济、资源的和谐统一发展,是企业承担社会责任的重要表现,应把绿色技术创新作为转变企业传统经济发展模式的重要抓手,步入兼顾经济发展和资源环境保护的高质量发展道路;其二,工业企业应保持较高的市场敏锐度,根据自身及外部市场环境、信息发展现状等合理制定符合自身特征的绿色技术创新发展战略,明确绿色技术创新的发展方向,并从企业整体上科学配置绿色创新资源,并依照现代企业的管理制度,加快产权结构优化升级步伐;其三,工业企业应充分发挥其自身优势,着力打造绿色产品及品牌,在企业内部营造良好的绿色技术创新环境;其四,具备一定产业规模、资金储备与市场占有率的企业应着重进行绿色技术的研发,与研究机构进行合作研发,研究机构与企业形成利益共同体，双方共享科技资源，并共担研发费用与风险，提高企业的科技科研能力，帮助企业创造更好的服务及产品，提高企业综合竞争力和影响力。

9.2.9 加快推进新型城镇化与产业结构的耦合发展

通过相关影响因素的分析可知，新型城镇化与产业结构的耦合发展能促进工业绿色技术创新效率的提升。但当前，长江经济带各区域间新型城镇化与产业结构的耦合情况存在明显差异，地区间发展不平衡，影响了长江经济带整体的高质量发展。因此，应从以下几个方面具体推进：

第一，完善新型城镇化与产业结构的协调互动发展体制机制，推动二者的深度耦合。在保证长江经济带各地区新型城镇化与产业结构稳步推进的同时，要兼顾二者的协调发展，防止城镇化难以支撑产业结构变革，产业结构不能适应城镇化发展的现象发生。要深入推进产业结构的转型升级以更好融入新型城镇化的发展，适应以人为本、生态文明的发展新观念；加大对社会资本的吸纳能力，引导社会资本在产业转型过程中的规划、培育、建设、运营等各个方面发挥作用，进一步强化产业支撑，在体制机制层面保障产业结构与新型城镇化的协同发展，创造更多就业岗位，为新型城镇化的持续发展提供动力；需健全推进新型城镇化与产业结构发展的相关政策制度，促进城镇化与产业结构内生融合动力机制形成。

第二，要加快传统工业生产的绿色化转型。一方面要强化工业绿色技术创新的科研力度，加快推进沿岸钢铁化工企业的"退、转、搬"，优化长江经济带传统产业的转型升级环境。调整新型城镇化的发展思路，因地制宜，发挥区域自身优势，吸引社会闲散资金投资与优质科技人才的落户，为绿色技术创新提供充足的资金及人才保障，加强基础性绿色科技的研发力度，重点突破绿色关键技术以推动传统产业的绿色升级。另一方面，在新发展理念指导下，大力发展新能源汽车产业、新能源装备制造等新兴绿色产业，推进绿色创新要素流动平台建设，增强绿色科技创新能力。

第三，通过培育重点城市群（圈），区域增长极带动区域间工业绿色技术创新协同发展。其一，建立多样化的区域合作模式，消除地区间的行政壁垒及合作障碍因素，促进创新要素在邻域及更大空间范围内完善市场化配置，发挥中心城镇以及重点城市群的辐射带动作用，释放绿色技术创新的红利，以缩小地区间绿色技术创新的梯度差距。其二，在城镇化建设进程中，以中心城市引领城市群发展，完善城市功能，提升与工业化绿色转型发展相匹配的产业支撑能力，加快我国新型城镇化与产业结构耦合协调对区域创新能力的作用。其三，重点发挥各地区绿色技术创新的比较优势，下游地区自身技术及资本优势明显，应重点突破关键性、引领性的绿色生产、加工技术，将其打造成为长江经济带绿色技术创新中心。中游地区深度挖掘自身创新优势，夯实传统工业基础，主要突破传统工业的绿色转型技术。上游地区基础相对薄弱，应主动寻求技术创新着力点，并积极吸收中下游地区的优秀经验。同时，在推动要素的双向流动的过程中，对绿色技术创新水平高的省份或城市在集聚高技术人才的同时，加大对周边地区的辐射力度和带动能力。

9.3 提升工业绿色技术创新效率的保障措施

9.3.1 制度保障

长江经济带地区的经济发展，关键在于良好的制度环境。从我国的发展、改革经验而言，地区的经济发展速度与市场经济体制的健全程度紧密相关。长江经济带各省市需要加强创新思维的培养与学习，逐步完善、建立先进的现代企业制度和政府公共服务制度，在相对较短的时间内培育出适应多种经济形态的市场生态及体制环境，从而实现经济上的突破。具体而言，在市场经济转轨过程中，完善和构建政府廉政高效的公共服务体制，科学合理地实行宏观调控，着力加强市场主体培育、完善法规体系、转变政府职能、维护竞争公平。同时，要建立灵活高效的企业运营机制，健全、完善"产权明晰、权责明确、政企分开、管理科学"的现代企业制度，完善企业法人治理结构和实施科学的激励约束机制，在实践中培养真正具有市场开拓能力的企业家队伍和勇于创新的企业家精神，逐步增强长江经济带工业企业的凝聚力和竞争力。

9.3.2 政策保障

完善支持绿色创新的普惠性政策体系。通过优惠的金融政策、技术指导等方式引导和激励企业开展先进技术引进和创新，拓宽教育和科技经费来源渠道，加大对绿色创新能力提升过程中资金的投入力度，建立包含知识、技能、管理等创新要素在内的利益分配机制，坚持对技术成果、知识产权实施股权、期权和分红激励，改善绿色创新政策环境。

充足的资金是工业绿色发展的最为关键的基础资源。设立工业绿色发展的专项资金，在工业绿色技术研发、绿色清洁生产设备制造、工业绿色转型升级等方面实行专项资金扶持。并通过多种方式筹措资金，为工业绿色发展配备充足的建设资金。同时，对绿色技术研发能力较强、成果较多、成效较好的工业企业进行针对性资金补贴，帮助企业建立研发工作平台。

加大绿色创新支持政策制度规划研究，完善现有环境保护治理监管制度，持续加大对区域基础设施建设、节能环保、环境治理、环境建设等方面的财政支出，构建较为公平均衡的政策环境，促进区域绿色创新的均衡发展，以政府为主导，释放绿色创新主体积极性，挖掘主体绿色创新潜能，构建区域均衡发展的绿色创新环境。

政府通过制定相关法律法规，利用奖优罚劣等强制手段鼓励企业实施绿色创新，从而控制污染、节省资源。如完善排污收费制度、提高排污收费标准等措施能够有效将排污成本纳入企业生产成本中，从而迫使企业重视排污问题和环境保护问题。

9.3.3 思想保障

秉持"推进生态文明建设，促进经济社会可持续发展"的指导思想，通过持续的环境优化保障经济发展，提升生态环境保护在经济发展中的地位，突出生态环境对工业发展的指导和约束作用。

积极开展环境保护宣传教育，向民众大力宣扬环境科学知识及相关法律知识，提高全社会的环境保护意识，树立资源与环境忧患意识，促使经济发展与环境状况相协调，提高环境的承载力。长江经济带工业发展要按照转变经济增长方式、优化空间布局、增强基础设施建设、推动产业可持续发展的总体思路，坚持保护环境和节约资源的基本方针，坚持走循环经济道路。

大力发展低碳技术，把节能减排放在工作首位，加大以水资源为重点的环境保护力度，以建立资源节约、环境友好的生产方式和消费模式为工作重点，统筹保障区域产业发展的资源环境和生态环境，引导生产力优化布局，推动产业结构调整，构建适合长江经济带产业可持续发展的道路。在坚持环保优先、推进生态文明建设的同时，实现经济、社会与环境的可持续发展。

9.3.4 人才保障

工业化进程的推动离不开高技术人才的支撑，要提升对优质人才的吸引力与使用效率。

其一，留住、用好、用活现有人才是前提和基础。努力提高现有人才的素质，提升工业整体人才层次，提高本土人才的创新能力，加大各类教育培训力度，建立人才教育培训的体制机制。完善人才结构，重点培养在工业绿色技术研发和运用方面的专业型人才，增强长江经济带各省市经济发展的持续性动力。转变人才使用观念，打破固有的身份、地域、年龄、资历、性别等限制，坚持"不求所有、但求所用"的原则。建立健全人才激励和保障机制，加大对人才的人文关怀、服务，为人才提供良好的生活保障及工作环境。

其二，工业绿色发展，吸引人才是关键。以资源和项目为载体招才引智，引进高精尖和创新型人才。长江经济带工业领域普遍缺乏绿色技术的高水平人才，这成为制约工业绿色发展水平的重要因素，需要建立柔性引才模式，出台相关优惠政策，营造良好的工业环境、生活环境及人才交流环境。

附 录

附表1 长江经济带11省市工业绿色技术创新效率评价指标原始数据

年份	省份	R&D人员全时当量/(人/年)	R&D经费内部支出/万元	能源消费量/万t	发明专利申请数/件	新产品开发项目数/件	新产品销售收入/万元	工业废水排放量/万t	二氧化硫排放量/万t	工业固体废弃物产生量/万t
2012	上海	82 355	3 715 075	5 703	24 873	17 042	73 999 056	46 359	19.34	2 199
2012	江苏	342 262	10 803 107	21 917.8	84 876	53 973	178 454 188	236 094	95.92	10 224
2012	浙江	228 618	5 886 071	18 076	68 003	41 874	112 839 734	175 416	61.1	4 461
2012	安徽	73 356	2 089 814	11 358	26 665	15 137	37 318 538	67 175	46.98	12 022
2012	江西	23 877	925 985	7 148	3 015	3 241	12 871 344	67 871	55.15	11 134
2012	湖北	77 087	2 633 099	12 084	12 592	9 629	36 984 125	91 609	54.86	7 611
2012	湖南	69 784	2 290 877	12 084	16 204	8 418	47 689 791	97 133	59.33	8 116
2012	重庆	31 577	1 171 045	5 835	9 784	5 693	24 299 198	30 611	50.98	3 115
2012	四川	50 533	1 422 310	16 898	13 443	11 656	20 959 773	69 984	79.4	13 187
2012	贵州	12 135	315 079	13 328	2 794	1 978	3 832 764	23 399	83.71	7 835
2012	云南	12 321	384 430	9 850	2 404	1 512	4 468 160	42 811	62.26	16 038

· 135 ·

续表

年份	省份	R&D人员全时当量/(人/年)	R&D经费内部支出/万元	能源消费量/万t	发明专利申请数/件	新产品开发项目数/件	新产品销售收入/万元	工业废水排放量/万t	二氧化硫排放量/万t	工业固体废弃物产生量/万t
2013	上海	92 136	40 478 000	5 681	25 738	17 295	76 883 835	45 426	17.29	2 054
2013	江苏	393 942	12 395 745	22 548.9	93 518	58 353	197 142 112	220 559	90.95	10 856
2013	浙江	263 507	6 843 562	18 640	77 067	47 778	148 820 993	163 674	57.9	4 300
2013	安徽	86 000	2 477 246	11 696	32 909	17 320	43 790 809	70 972	45.02	11 937
2013	江西	29 519	1 106 443	7 583	4 893	4 381	16 829 309	68 230	54.35	11 518
2013	湖北	85 826	3 117 987	13 310	16 321	10 722	46 544 784	84 993	52.4	8 181
2013	湖南	73 558	2 703 987	11 224	17 424	9 089	57 246 324	92 311	58.87	7 806
2013	重庆	36 605	1 388 199	6 226	12 221	6 820	26 961 130	33 451	49.44	3 162
2013	四川	58 148	1 688 902	16 514	15 713	12 681	24 758 761	64 864	74.64	14 007
2013	贵州	16 049	342 541	13 651	3 446	1 908	3 683 200	22 898	77.86	8 194
2013	云南	11 811	454 278	9 783	2 793	1 903	4 433 810	41 844	61.3	16 040
2014	上海	93 868	4 492 192	4 896	26 848	18 927	84 469 638	43 900	15.54	1 925
2014	江苏	422 865	13 765 378	23 080.2	115 616	62 306	235 409 275	204 900	87.02	10 925
2014	浙江	290 339	7 681 473	18 826	77 135	51 466	165 078 596	149 380	56	4 542
2014	安徽	95 287	2 847 303	12 011	40 244	18 185	52 808 808	69 580	44.06	12 000
2014	江西	28 803	1 284 642	8 055	6 825	5 139	17 563 827	64 856	51.74	10 821
2014	湖北	91 456	3 629 506	13 766	16 839	11 678	52 745 891	81 657	50.62	8 006

续表

年份	省份	R&D人员全时当量/(人/年)	R&D经费内部支出/万元	能源消费量/万t	发明专利申请数/件	新产品开发项目数/件	新产品销售收入/万元	工业废水排放量/万t	二氧化硫排放量/万t	工业固体废弃物产生量/万t
2014	湖南	77 428	3 100 446	10 900	17 919	9 758	63 103 689	82 271	55.95	6 934
2014	重庆	43 797	1 664 720	6 604	12 908	8 580	36 107 819	34 968	47.48	3 068
2014	四川	62 145	1 960 112	16 974	19 661	13 374	27 112 961	67 576	72.57	14 246
2014	贵州	15 659	410 132	13 118	4 051	1 802	4 083 736	32 674	70.24	7 394
2014	云南	12 980	516 572	8 675	3 137	2 123	5 182 591	40 443	58.26	14 481
2015	上海	94 981	4 742 443	4 728	21 725	14 378	74 709 344	46 900	10.49	1 868
2015	江苏	441 304	15 065 065	23 119.51	119 927	57 204	244 632 694	206 400	79.47	10 701
2015	浙江	316 672	8 535 689	19 610	80 512	55 123	188 391 393	147 353	52.4	4 486
2015	安徽	96 791	3 221 422	12 332	45 598	17 025	58 822 307	71 436	42	13 059
2015	江西	31 321	1 474 968	8 440	8 561	4 635	20 586 019	76 412	51.57	10 777
2015	湖北	86 813	4 072 726	13 828	17 325	8 934	56 769 152	80 817	47.07	7 750
2015	湖南	83 821	3 525 450	11 142	18 175	6 402	73 497 969	76 888	51.59	7 126
2015	重庆	45 129	1 996 609	6 925	20 239	7 352	45 351 174	35 524	42.68	2 828
2015	四川	56 841	2 238 051	18 306	21 912	6 971	28 924 767	71 647	71.76	12 316
2015	贵州	14 916	457 303	12 833	3 782	1 623	3 944 834	29 174	59.89	7 055
2015	云南	16 381	619 588	7 713	3 751	2 503	5 132 031	45 933	52.38	14 109
2016	上海	98 671	4 900 778	4 626	24 228	15 046	90 334 750	36 600	6.74	1 680

续表

年份	省份	R&D人员全时当量/(人/年)	R&D经费内部支出/万元	能源消费量/万t	发明专利申请数/件	新产品开发项目数/件	新产品销售收入/万元	工业废水排放量/万t	二氧化硫排放量/万t	工业固体废弃物产生量/万t
2016	江苏	451 885	16 575 418	23 456.02	131 284	64 029	280 846 698	179 400	52.51	11 648
2016	浙江	321 845	9 357 877	20 275	78 729	63 124	213 968 302	129 913	24.5	4 496
2016	安徽	99 451	3 709 224	12 695	49 791	19 920	73 210 508	49 625	23.24	12 653
2016	江西	34 924	1 797 561	8 747	12 594	8 371	31 368 046	85 527	30.45	12 665
2016	湖北	96 340	4 459 622	13 955	19 574	10 450	67 132 019	49 090	18.55	7 109
2016	湖南	86 440	3 929 647	11 444	18 249	7 362	80 984 709	48 692	28.57	5 319
2016	重庆	47 392	2 374 859	7 100	17 511	9 243	50 143 454	25 874	17.4	2 398
2016	四川	60 146	2 572 607	18 756	21 685	8 846	30 447 284	50 788	48.72	11 764
2016	贵州	15 774	556 853	13 643	4 341	2 231	5 752 002	16 400	41.18	7 753
2016	云南	17 166	741 847	7 461	4 942	3 834	628 4487	49 158	46.13	13 121
2017	上海	88 967	5 399 953	4 577	27 581	16 121	100 681 518	31 600	1.27	1 630
2017	江苏	455 468	18 338 832	23 325.09	124 980	69 653	285 790 192	151 900	36.47	12 002
2017	浙江	333 646	10 301 447	21 030	85 639	72 083	211 501 500	122 917	18.1	4 828
2017	安徽	103 598	4 361 175	13 052	52 916	22 904	88 430 765	43 010	18.96	12 002
2017	江西	45 082	2 216 865	8 995	19 383	11 689	38 571 746	41 207	20.08	12 340
2017	湖北	94 241	4 689 377	14 160	22 244	12 460	75 234 883	44 158	11.61	8 112
2017	湖南	94 228	4 617 716	12 404	21 319	10 204	85 857 213	34 772	15.02	4 354

续 表

年份	省份	R&D人员全时当量/(人/年)	R&D经费内部支出/万元	能源消费量/万t	发明专利申请数/件	新产品开发项目数/件	新产品销售收入/万元	工业废水排放量/万t	二氧化硫排放量/万t	工业固体废弃物产生量/万t
2017	重庆	56 416	2 799 986	7 252	17 269	11 227	53 227 016	19 303	13.99	2 004
2017	四川	71 968	3 010 846	19 229	26 687	11 583	36 830 600	43 157	38.71	13 756
2017	贵州	18 786	648 576	13 409	5 344	2 537	6 055 568	17 400	46.3	9 352
2017	云南	21 393	885 588	7 211	5 389	4 208	8 086 166	20 500	30.54	13 725
2018	上海	88 016	5 548 768	5 360	29 258	18 259	97 967 290	29 100	0.99	1 669
2018	江苏	455 530	20 245 195	24 066	165 096	80 921	284 250 383	143 600	26.41	11 810
2018	浙江	394 147	11 473 921	21 674	100 254	87 445	233 081 591	119 936	12.9	5 134
2018	安徽	106 744	4 973 027	13 229	56 596	25 728	95 323 850	43 660	16.09	12 589
2018	江西	67 394	2 677 714	9 470	26 303	15 614	45 117 850	39 557	15.16	11 664
2018	湖北	105 041	5 255 194	14 075	28 003	15 372	88 629 723	45 849	9.13	8 472
2018	湖南	102 800	5 167 217	11 059	26 339	15 020	76 162 442	32 705	10.2	4 592
2018	重庆	61 956	2 992 091	7 453	18 049	12 812	42 163 130	20 780	13.2	2 455
2018	四川	77 848	3 423 923	19 916	26 277	13 962	35 763 417	44 104	36.56	12 640
2018	贵州	20 041	762 280	13 340	5 976	3 102	7 469 914	18 000	37.53	10 550
2018	云南	24 048	1 070 172	6 576	6 190	4 150	9 288 303	19 815	29.03	17 710.83

附表 2 长江经济带 11 省市新型城镇化与产业结构两系统指标体系及综合权重（2014—2018 年）

系统层	一级指标	二级指标	方向	上海	江苏	浙江	安徽	江西	湖北	湖南	重庆	四川	贵州	云南
城镇化子系统	人口城镇化	城镇化率/%	正	0.026 4	0.021 3	0.024 3	0.025 7	0.025 1	0.020 3	0.033 6	0.025 6	0.028 4	0.025 0	0.027 0
		城镇人口密度/（人/km²）	正	0.016 2	0.017 1	0.059 8	0.018 3	0.024 1	0.033 3	0.028 1	0.018 0	0.011 7	0.031 0	0.018 2
		非农人口从业比/%	正	0.018 0	0.021 4	0.018 7	0.027 9	0.025 4	0.036 3	0.018 7	0.026 4	0.026 5	0.023 5	0.022 6
		城镇单位就业人口占总人口比重/%	正	0.026 0	0.052 3	0.023 4	0.029 2	0.034 5	0.030 9	0.017 8	0.031 3	0.062 9	0.017 7	0.021 3
	经济城镇化	城镇居民人均可支配收入/元	正	0.027 8	0.030 1	0.030 2	0.030 3	0.031 7	0.026 4	0.032 4	0.029 0	0.032 2	0.028 7	0.026 8
		每万人地方财政收入/亿元	正	0.034 6	0.024 9	0.031 2	0.025 2	0.028 5	0.026 6	0.027 0	0.024 8	0.028 4	0.025 6	0.023 1
		社会消费品零售总额/亿元	正	0.025 8	0.031 5	0.029 5	0.036 2	0.032 8	0.028 1	0.030 4	0.036 1	0.033 9	0.038 0	0.031 7
		每万人全社会固定资产投资/亿元	正	0.038 5	0.027 2	0.032 6	0.024 1	0.024 5	0.023 7	0.027 2	0.026 3	0.021 7	0.030 7	0.027 4
		人均 GDP/元	正	0.032 7	0.029 7	0.029 1	0.028 1	0.028 3	0.024 7	0.026 7	0.030 5	0.030 2	0.032 3	0.029 7
		非农产业增加值占 GDP 比重/%	正	0.009 5	0.013 8	0.012 9	0.024 6	0.011 3	0.016 4	0.013 3	0.010 9	0.014 0	0.009 9	0.024 2
		单位建成区面积实现的 GDP/（亿元/km²）	正	0.025 7	0.026 9	0.026 3	0.027 1	0.022 0	0.020 5	0.024 3	0.031 9	0.023 4	0.023 3	0.032 7
		地均房地产投资额/（km²/万人）	正	0.026 8	0.027 9	0.028 5	0.024 4	0.031 2	0.025 4	0.030 3	0.022 4	0.026 6	0.023 6	0.019 6

续表

系统层	一级指标	二级指标	方向	上海	江苏	浙江	安徽	江西	湖北	湖南	重庆	四川	贵州	云南
城镇化子系统	生活城镇化	每万人城镇建设用地面积/（亿元/km²）	正	0.040 4	0.029 8	0.024 4	0.017 3	0.038 5	0.036 9	0.032 4	0.023 3	0.028 2	0.027 0	0.012 5
		人均拥有图书馆藏书量/（本/人）	正	0.035 5	0.037 2	0.032 6	0.034 7	0.038 2	0.054 1	0.030 3	0.052 6	0.024 5	0.028 8	0.033 7
		人均城市道路面积/(m²)	正	0.041 4	0.031 6	0.015 0	0.023 8	0.020 5	0.016 3	0.025 4	0.033 8	0.021 1	0.045 7	0.023 4
		每万人拥有公共交通车辆/辆	正	0.017 3	0.020 1	0.018 8	0.021 9	0.022 5	0.011 5	0.048 1	0.021 6	0.017 9	0.041 7	0.034 5
		互联网普及率/%	正	0.021 0	0.015 9	0.017 9	0.018 4	0.026 4	0.015 4	0.017 2	0.018 2	0.020 7	0.020 6	0.017 2
		用水普及率/%	正	0.020 6	0.030 2	0.016 9	0.027 3	0.011 9	0.022 8	0.023 4	0.035 4	0.019 9	0.014 8	0.017 1
		燃气普及率/%	正	0.020 6	0.019 3	0.018 3	0.022 2	0.016 7	0.023 8	0.021 8	0.026 3	0.021 2	0.038 0	0.011 0
		万人拥有公厕数/座	正	0.010 2	0.026 4	0.023 2	0.029 1	0.026 1	0.020 4	0.013 9	0.025 2	0.038 6	0.050 3	0.058 5
		日均污水处理能力/万t	正	0.017 2	0.026 5	0.041 1	0.022 1	0.013 9	0.027 4	0.013 0	0.038 5	0.038 6	0.021 5	0.013 8
	生态城镇化	人均公园绿地面积/m²	正	0.035 8	0.038 0	0.016 3	0.019 6	0.015 0	0.023 1	0.024 2	0.017 2	0.020 6	0.035 1	0.013 6
		建成区绿化覆盖率/%	正	0.016 3	0.033 6	0.025 9	0.020 9	0.014 9	0.030 2	0.033 7	0.013 7	0.018 4	0.018 8	0.010 2
		电力消费量（实物量）/（亿kW·h）	正	0.020 5	0.025 0	0.025 1	0.026 9	0.026 9	0.019 8	0.019 8	0.025 0	0.023 2	0.022 7	0.021 2
		政府环境保护投入占GDP比重/%	正	0.035 0	0.020 4	0.032 4	0.037 0	0.022 8	0.028 7	0.013 2	0.059 9	0.042 1	0.029 3	0.026 5
		城镇生活垃圾无害化处理率/%	正	0.014 1	0.028 9	0.010 8	0.020 7	0.018 2	0.027 1	0.017 5	0.010 9	0.023 1	0.013 2	0.016 6

续 表

系统层	一级指标	二级指标	方向	上海	江苏	浙江	安徽	江西	湖北	湖南	重庆	四川	贵州	云南
城镇化子系统	城乡一体化	城乡居民收入比	负	0.0161	0.0273	0.0432	0.0336	0.0251	0.0269	0.0279	0.0300	0.0356	0.0273	0.0413
		城乡泰尔指数	负	0.0232	0.0184	0.0210	0.0251	0.0223	0.0197	0.0284	0.0232	0.0278	0.0240	0.0316
		城乡社区事务投入占GDP比重/%	正	0.0349	0.0183	0.0688	0.0406	0.0569	0.0428	0.0324	0.0158	0.0370	0.0422	0.0602
		城乡恩格尔系数比(倒数)	负	0.0145	0.0315	0.0477	0.0749	0.0332	0.0324	0.0269	0.0275	0.0278	0.0310	0.0259
		城镇登记失业率/%	负	0.0317	0.0298	0.0171	0.0362	0.0502	0.0432	0.0722	0.0360	0.0196	0.0163	0.0155
		单位人口拥有卫生技术人员数/人	正	0.0186	0.0234	0.0245	0.0268	0.0254	0.0278	0.0268	0.0252	0.0302	0.0238	0.0350
	社会保障	城镇养老保险参保率/%	正	0.0286	0.0279	0.0195	0.0199	0.0479	0.0663	0.0191	0.0181	0.0248	0.0337	0.0701
		失业保险参保率/%	正	0.0632	0.0285	0.0260	0.0300	0.0324	0.0260	0.0304	0.0355	0.0388	0.0204	0.0294
		职工基本医疗保险参保率/%	正	0.0180	0.0299	0.0216	0.0151	0.0231	0.0194	0.0406	0.0194	0.0202	0.0264	0.0332
	城镇化	工伤保险参保率/%	正	0.0285	0.0309	0.0227	0.0199	0.0194	0.0157	0.0161	0.0247	0.0205	0.0206	0.0263
		生育保险参保率/%	正	0.0688	0.0272	0.0234	0.0137	0.0323	0.0098	0.0352	0.0305	0.0196	0.0181	0.0170

· 142 ·

续 表

系统层	一级指标	二级指标	方向	上海	江苏	浙江	安徽	江西	湖北	湖南	重庆	四川	贵州	云南
产业结构子系统	产业高级化	产业高级度	正	0.114 3	0.095 5	0.146 2	0.308 6	0.132 2	0.215 7	0.138 3	0.251 8	0.122 9	0.093 4	0.127 7
	产业合理化	产业合理度	负	0.117 8	0.179 6	0.138 7	0.087 3	0.126 2	0.079 1	0.123 1	0.075 2	0.092 1	0.097 1	0.130 6
	产业偏离度	产业偏离度	负	0.110 6	0.210 4	0.094 4	0.098 7	0.211 5	0.184 7	0.132 8	0.110 1	0.173 7	0.270 5	0.083 0
	产业生态化	单位 GDP 能源消耗量/(kW·h/元)	负	0.123 5	0.082 1	0.134 1	0.089 8	0.100 8	0.084 3	0.130 2	0.075 3	0.116 7	0.054 8	0.165 5
		单位工业增加值用水量/(m³/元)	负	0.138 7	0.054 1	0.092 1	0.093 5	0.087 4	0.093 2	0.103 3	0.078 3	0.101 8	0.044 1	0.114 8
		单位增加值废水排放量/(t/万元)	负	0.118 4	0.075 2	0.118 9	0.097 4	0.110 5	0.076 1	0.120 0	0.067 6	0.078 7	0.139 8	0.122 5
		单位增加值二氧化硫排放量/(t/万元)	负	0.087 9	0.073 7	0.105 9	0.078 8	0.114 5	0.074 6	0.103 4	0.072 7	0.085 1	0.039 4	0.160 2
		工业污染治理投资占 GDP 比重/%	正	0.188 8	0.229 5	0.169 7	0.145 9	0.117 1	0.191 7	0.148 7	0.269 1	0.229 0	0.261 1	0.095 7

参考文献

[1] AGUILERA-CARACUEL J, ORTIZ-DE-MANDOJANA N. Green Innovation and Financial Performance: An Institutional Approach [J]. Organization & Environment, 2013, 26 (4): 365-385.

[2] ARCELUS F, AROCENA P. Productivity differences across OECD countries in the presence of environmental constraints [J]. Journal of the Operational Research Society, 2005, 56 (12): 1352-1362.

[3] BARBIER E B. Economic, nature-resource, scarcity and development [M]. Lodon: Earthscan Publications, 1989.

[4] BAUMOL J, OATES E. The theory of environmental policy [M]. Cambridge: Cambridge University Press, 1988.

[5] CUERVA M C, TRIGUERO-CANO A, CORCOLES D. Drivers of green and non-green innovation: empirical evidence in Low-Tech SMEs [J]. Journal of Cleaner Production, 2014, 68 (Apr. 1): 104-113.

[6] DEBNATH S C. Environmental Regulations Become Restriction or a Cause for Innovation-A Case Study of Toyota Prius and Nissan Leaf [J]. Procedia-Social and Behavioral Sciences, 2015, 195: 324-333.

[7] DILLING-HANSEN M, MADSEN E S, SMITH V. Efficiency, R&D and ownership-some empirical evidence [J]. International Journal of Production Economics, 2003, 83 (1): 85-94.

[8] DZONZI-UNDI J M. Safety and Environmental Issues in Chinese Coal Industry: Responses, Investment and Policy [D]. 武汉: 中国地质大学, 2016.

[9] ELHORST J P. Applied Spatial Econometrics: Raising the Bar [J]. Spatial Economic Analysis, 2010, 5 (1): 9-28.

[10] FARHANA K M, RAHMAN S A. Factors of Migration in Urban Bangladesh: An Empirical Study of Poor Migrants in Rajshahi City [J]. Social Science Electronic Publishing, 2012, 9 (1): 105-117.

参考文献

[11] FARRELL M J. The measurement of production efficiency [J]. Journal of Royal Statistical Society, 1957, 120 (3): 253-281.

[12] LEE H, Park Y. An international comparison of R&D efficiency: DEA approach [J]. Asian Journal of Technology Innovation, 2005, 13 (2): 207-222.

[13] HOFMANN A, WAN G. Determinants of urbanization [R]. Asian Development Bank Economics Working Paper Series 355.

[14] HOPE K R. Urbanization and urban growth in Africa [J]. Journal of Asian and African Studies, 1998, 33 (4): 345-358.

[15] IUCN. World conservation strategy: Living resource conservation for sustainable development [R]. Gland: Switzerland, 1980.

[16] JEFFERSON G H, HUAMAO B, XIAOJING G, et al. R&D performance in Chinese industry [J]. Economics of innovation and new technology, 2006, 15 (4-5): 345-366.

[17] JOHNSON H, JOHNSON J M, GOUR-TANGUAY R, et al. Environmental policies in developing countries [J]. Verfassung in Recht und Übersee, 1981, 14 (1).

[18] TONE K. Dealing with undesirable outputs in DEA: A slacks—based measure (SBM) approach [J]. National Graduate Institute for Policy Studies, 2004 (1): 5-16.

[19] KHAREL G. Impacts of urbanization on environmental resources: A land use planning perspective [D]. Arlington: University of Texas, 2010.

[20] KORTELAINEN M. Dynamic environmental performance analysis: A Malmquist index approach [J]. Ecological Economics, 2008, 64 (4): 701-715.

[21] KUSZ J. Integrating environmental goals and the product development process [C] // The design actions and resources for the environment conference proceedings, Boston, Mass. USA: 1991: 8-9.

[22] LI D, ZHAO Y, ZHANG L, et al. Impact of quality management on green innovation [J]. Journal of Cleaner Production, 2018, 170 (Jan. 1): 462-470.

[23] MARCUS WAGNER. On the relationship between environmental management, environmental innovation and patenting: Evidence fromGerman

manufacturing firms [J]. Research Policy, 2015 (10): 1587-1602.

[24] MICHAELS G, RAUCH F, REDDING S. Urbanization and structural transformation [J]. The Quarterly Journal of Economics, 2012, 127 (2): 535-586.

[25] PASTOR J T, LOVELL C A K. A global malmquist productivity index [J]. Economics Letters, 2005 (88): 266-271.

[26] PEARCE D, MARKANDYA, BARBIER E B. Blueprint for a green economy London: Earthscan Publications, 1989.

[27] POUNMANYVONG P, KANEKO S. Does urbanization lead to less energy use and lower CO_2 emissions? A cross-country analysis [J]. Ecological Economics, 2010, 70: 434-444.

[28] SCHIEDERIG T, TIETZE F, HERSTATT C. Green innovation in technology and innovation management-an exploratory literature review [J]. R&D Management: Research and Development Management, 2012, 42 (2): 180-192.

[29] SHARMA S. Managerial interpretations and organizational context as predictors of corporate choice of environmental strategy [J]. Academy of Management Journal, 2000, 43 (4): 681-697.

[30] TONE K. A slacks-based measure of super-efficiency in data envelopment analysis [J]. European Journal of Operational Research, 2002, 143 (1): 32-41.

[31] World Commission on Environment and Development. Our Common Future. New York: Oxford University Press, 1987.

[32] ZHANG J, CHANG Y, ZHANG L, et al. Do technological innovations promote urban green development? ——A spatial econometric analysis of 105 cities in China [J]. Journal of Cleaner Production, 2018, 182 (May 1): 395-403.

[33] 安海彦, 姚慧琴. 环境规制强度对区域经济竞争力的影响——基于西部省级面板数据的实证分析 [J]. 管理学刊, 2020, 33 (3): 27-37.

[34] 白俊红, 江可申, 李婧, 李佳. 区域创新效率的环境影响因素分析——基于 DEA-Tobit 两步法的实证检验 [J]. 研究与发展管理, 2009, 21 (2): 96-102.

[35] 蔡乌赶, 李青青. 环境规制对企业生态技术创新的双重影响研究

[J]. 科研管理，2019，40（10）：87-95.

[36] 操龙升，赵景峰. 专利制度对区域技术创新绩效影响的实证研究——基于专利保护视角［J］. 中国软科学，2019（5）：97-103.

[37] 曹坤，周学仁，王轶. 财政科技支出是否有助于技术创新：一个实证检验［J］. 经济与管理研究，2016，37（4）：102-108.

[38] 曹霞，张路蓬. 企业绿色技术创新扩散的演化博弈分析［J］. 中国人口·资源与环境，2015，25（7）：68-76.

[39] 曾冰. 我国省际绿色创新效率的影响因素及空间溢出效应［J］. 当代经济管理，2018，40（12）：59-63.

[40] 曾贤刚. 环境规制、外商直接投资与"污染避难所"假说——基于中国30个省份面板数据的实证研究［J］. 经济理论与经济管理，2010（11）：65-71.

[41] 车德欣，李凤娇，吴非，等. 财政科技支出、企业生命周期与技术创新［J］. 科技进步与对策，2021，38（3）：114-123.

[42] 陈斌，李拓. 财政分权和环境规制促进了中国绿色技术创新吗？［J］. 统计研究，2020，37（6）：27-39.

[43] 陈刚. FDI竞争、环境规制与污染避难所——对中国式分权的反思［J］. 世界经济研究，2009（6）：3-7+43+87.

[44] 陈伟，刘井建. 基于DEA-Malmquist指数的企业创新效率变动研究——对中国电子行业的15家上市企业的实证分析［J］. 科技进步与对策，2008，25（8）：139-142.

[45] 陈元志，陈劲，吉超. 中国不同类型企业技术创新效率的趋势与比较［J］. 科研管理，2018，39（5）：1-10.

[46] 陈元志，朱瑞博. 不同所有制企业技术创新效率的比较研究——面向大中型工业企业和高新技术企业的实证分析［J］. 管理世界，2018，34（8）：188-189.

[47] 成琼文，贺显祥，李宝生. 绿色技术创新效率及其影响因素——基于我国35个工业行业的实证研究［J］. 中南大学学报（社会科学版），2020，26（2）：97-107.

[48] 程惠芳，陆嘉俊. 知识资本对工业企业全要素生产率影响的实证分析［J］. 经济研究，2014，49（5）：174-187.

[49] 仇怡. 城镇化的技术创新效应——基于1990—2010年中国区域面板数据的经验研究［J］. 中国人口科学，2013（1）：26-35+126.

[50] 崔晓. 资源与环境约束下我国农业生产效率测度及其影响因素研究 [D]. 长春：吉林大学，2018.

[51] 丁显有，肖雯，田泽. 长三角城市群工业绿色创新发展效率及其协同效应研究 [J]. 工业技术经济，2019，38（7）：67-75.

[52] 段炳德. 城镇化与产业结构变迁的相互影响：特征事实与发展逻辑 [J]. 理论学刊，2017（4）：59-66.

[53] 樊纲，王小鲁，马光荣. 中国市场化进程对经济增长的贡献 [J]. 经济研究，2011，46（9）：4-16.

[54] 范承泽，胡一帆，郑红亮. FDI 对国内企业技术创新影响的理论与实证研究 [J]. 经济研究，2008（1）：89-102.

[55] 傅为忠，徐丽君. 区域工业绿色发展成熟度动态评价——基于熵值修正 G1 法和距离协调度改进模型的实证分析 [J]. 工业技术经济，2018，37（3）：61-69.

[56] 高广阔，王艺群. 京津冀地区高耗能产业绿色创新效率及影响因素分析——基于空间视角的实证研究 [J]. 工业技术经济，2018，37（1）：137-144.

[57] 高红贵，赵路. 长江经济带产业绿色发展水平测度及空间差异分析 [J]. 科技进步与对策，2019，36（12）：46-53.

[58] 高鹏，陆铖. 制度环境优化对流通业发展的非线性影响——基于长江经济带的实证分析 [J]. 商业经济研究，2021（1）：22-26.

[59] 高萍，王小红. 财政投入、环境规制与绿色技术创新效率——基于 2008—2015 年规模以上工业企业数据的实证 [J]. 生态经济，2018，34（4）：93-99.

[60] 郭捷，杨立成. 环境规制、政府研发资助对绿色技术创新的影响——基于中国内地省级层面数据的实证分析 [J]. 科技进步与对策，2020，37（10）：37-44.

[61] 郭文波，曹佳，陈海盛. 信用环境对经济发展有支撑作用吗——来自浙江省设区市的证据 [J]. 宏观经济研究，2021（4）：38-46+58.

[62] 郝国彩，徐银良，张晓萌，等. 长江经济带城市绿色经济绩效的溢出效应及其分解 [J]. 中国人口·资源与环境，2018，28（5）：75-83.

[63] 侯建，陈恒. 中国高专利密集度制造业技术创新绿色转型绩效及驱动因素研究 [J]. 管理评论，2018，30（4）：59-69.

[64] 胡安俊，孙久文. 中国制造业转移的机制、次序与空间模式 [J]. 经

济学（季刊），2014，13（4）：1533-1556.

[65] 黄磊，吴传清. 长江经济带工业绿色创新发展效率及其协同效应[J]. 重庆大学学报（社会科学版），2019，25（3）：1-13.

[66] 黄勤，曹汐. 产业转型升级在新型城镇化进程中的作用[J]. 城市问题，2016（7）：64-68+94.

[67] 姬晓辉，魏婵. FDI 和环境规制对技术创新的影响——基于中国省际面板数据分析[J]. 科技管理研究，2017，37（3）：35-41.

[68] 姬中洋. 税收优惠如何影响高技术产业技术效率——基于 SFA 与中介变量法的研究[J]. 中国软科学，2019（7）：145-152.

[69] 纪建悦，曾琦. 基于全局 DEA 的中国海水养殖业绿色技术效率时空演化分析[J]. 中国管理科学，2016，24（S1）：774-778.

[70] 贾军，魏洁云，王悦. 环境规制对中国 OFDI 的绿色技术创新影响差异分析——基于异质性东道国视角[J]. 研究与发展管理，2017，29（6）：81-90.

[71] 江心英，赵爽. 双重环境规制视角下 FDI 是否抑制了碳排放——基于动态系统 GMM 估计和门槛模型的实证研究[J]. 国际贸易问题，2019（3）：115-130.

[72] 李翠锦. 企业绿色技术创新绩效的综合测评方法探讨[J]. 统计与咨询，2007（3）：24-25.

[73] 李华旭，孔凡斌，陈胜东. 长江经济带沿江地区绿色发展水平评价及其影响因素分析——基于沿江 11 省（市）2010—2014 年的相关统计数据[J]. 湖北社会科学，2017（8）：68-76.

[74] 李健，马晓芳. 京津冀城市绿色创新效率时空差异及影响因素分析[J]. 系统工程，2019，37（5）：51-61.

[75] 李婧，谭清美，白俊红. 中国区域创新效率及其影响因素[J]. 中国人口·资源与环境，2009，19（6）：142-147.

[76] 李静，倪冬雪. 中国工业绿色生产与治理效率研究——基于两阶段 SBM 网络模型和全局 Malmquist 方法[J]. 产业经济研究，2015（3）：42-53.

[77] 李琳，张佳. 长江经济带工业绿色发展水平差异及其分解——基于 2004-2013 年 108 个城市的比较研究[J]. 软科学，2016，30（11）：48-53.

[78] 李婉红，刘芳. 剥离环境因素的中国高技术产业创新效率综合测度研究[J]. 科技进步与对策，2019，36（4）：75-81.

[79] 李长亮. 基于空间计量模型的新型城镇化对产业结构升级的影响研

究［J］．西北民族大学学报（哲学社会科学版），2017（1）：114-119.

［80］李兆亮，罗小锋，薛龙飞，等．中国农业绿色生产效率的区域差异及其影响因素分析［J］．中国农业大学学报，2017，22（10）：203-212.

［81］李政，杨思莹．创新型城市试点提升城市创新水平了吗？［J］．经济学动态，2019（8）：70-85.

［82］李志龙，王迪云．武陵山片区旅游经济——生态效率时空分异及影响因素［J］．经济地理，2020，40（6）：233-240.

［83］梁丽娜，于渤．经济增长：技术创新与产业结构升级的协同效应［J/OL］．科学学研究，2021，39（9）：1574-1583.

［84］刘光复，刘志峰，李钢．绿色设计与绿色制造［M］．北京：机械工业出版社，2000.

［85］刘薇．国内外绿色创新与发展研究动态综述［J］．中国环境管理干部学院学报，2012，22（5）：17-20.

［86］刘伟．考虑环境因素的高新技术产业技术创新效率分析——基于2000—2007年和2008—2014年两个时段的比较［J］．科研管理，2016，37（11）：18-25.

［87］刘新智，刘娜．长江经济带技术创新与产业结构优化协同性研究［J］．宏观经济研究，2019（10）：35-48.

［88］刘赢时，田银华，罗迎．产业结构升级、能源效率与绿色全要素生产率［J］．财经理论与实践，2018，39（1）：118-126.

［89］刘云强，权泉，朱佳玲，等．绿色技术创新、产业集聚与生态效率——以长江经济带城市群为例［J］．长江流域资源与环境，2018，27（11）：2395-2406.

［90］刘章生，宋德勇，弓媛媛．中国绿色创新能力的时空分异与收敛性研究［J］．管理学报，2017，14（10）：1475-1483.

［91］楼旭明，徐聪聪．智能制造企业技术创新效率及其影响因素研究［J］．科技管理研究，2020，40（4）：1-7.

［92］陆大道，陈明星．关于"国家新型城镇化规划（2014—2020）"编制大背景的几点认识［J］．地理学报，2015，70（2）：179-185.

［93］罗良文，梁圣蓉．中国区域工业企业绿色技术创新效率及因素分解［J］．中国人口·资源与环境，2016，26（9）：149-157.

［94］罗舟，胡尊国．中国自贸试验区政策试点对地区外商直接投资的影响——基于双重差分法的验证［J］．财经理论与实践，2021，42（2）：67-72.

[95] 马淑琴, 戴军, 温怀德. 贸易开放、环境规制与绿色技术进步——基于中国省际数据的空间计量分析 [J]. 国际贸易问题, 2019 (10): 132-145.

[96] 马昱, 邱菀华, 王昕宇. 城市基础设施、技术创新与区域经济发展——基于中介效应与面板门槛模型分析 [J]. 工业技术经济, 2019, 38 (8): 116-123.

[97] 钱丽, 肖仁桥, 陈忠卫. 我国工业企业绿色技术创新效率及其区域差异研究——基于共同前沿理论和 DEA 模型 [J]. 经济理论与经济管理, 2015 (1): 26-43.

[98] 钱纳里, 鲁宾逊, 赛尔奎因. 工业化和经济增长的比较研究 [M]. 吴奇, 王松宝等译. 上海: 上海人民出版社, 1995.

[99] 乔美华. 对外贸易对工业企业绿色创新效率的异质门槛效应 [J]. 中国科技论坛, 2019 (11): 93-102.

[100] 任阳军, 汪传旭, 李伯棠, 等. 产业集聚对中国绿色全要素生产率的影响 [J]. 系统工程, 2019, 37 (5): 31-40.

[101] 任耀, 牛冲槐, 牛彤. 绿色创新效率的理论模型与实证研究 [J]. 管理世界, 2014 (7): 176-177.

[102] 尚娟, 廖珍珍. 新型城镇化对绿色全要素生产率的影响 [J]. 统计与决策, 2021, 37 (5): 116-119.

[103] 世界自然保护同盟, 联合国环境规划署, 世界野生生物基金会. 保护地球——可持续生存战略 [M]. 国家环境保护局外事办公室, 译. 北京: 中国环境科学出版社, 1992.

[104] 斯丽娟. 环境规制对绿色技术创新的影响——基于黄河流域城市面板数据的实证分析 [J]. 财经问题研究, 2020 (7): 41-49.

[105] 孙丽文, 陈继琳. 基于经济-环境-社会协调发展的绿色创新绩效评价——以环渤海经济带为例 [J]. 科技管理研究, 2018, 38 (8): 87-93.

[106] 孙秀梅, 张慧, 綦振法, 等. 我国东西地区的碳排放效率对比及科技减排路径研究——基于三阶段 DEA 和超效率 SBM 模型的分析 [J]. 华东经济管理, 2016, 30 (4): 74-79.

[107] 汤春玲, 陈航, 李璐, 等. 湖南产业结构优化升级与新型城镇化建设耦合协调实证研究 [J]. 现代商业, 2021 (3): 93-96.

[108] 田红彬, 郝雯雯. FDI、环境规制与绿色创新效率 [J]. 中国软科学, 2020 (8): 174-183.

[109] 宛群超, 袁凌. 空间集聚、企业家精神与区域创新效率 [J]. 软科

学，2019，33（8）：32-38.

[110] 王兵，吴延瑞，颜鹏飞. 中国区域环境效率与环境全要素生产率增长 [J]. 经济研究，2010，45（5）：95-109.

[111] 王芳，田明华，秦国伟. 新型城镇化与产业结构升级耦合、协调和优化 [J]. 华东经济管理，2020，34（3）：59-68.

[112] 王海龙，连晓宇，林德明. 绿色技术创新效率对区域绿色增长绩效的影响实证分析 [J]. 科学学与科学技术管理，2016，37（6）：80-87.

[113] 王洪庆，张莹. 贸易结构升级、环境规制与我国不同区域绿色技术创新 [J]. 中国软科学，2020（2）：174-181.

[114] 王娟茹，刘娟. 双元性绿色创新对我国制造企业竞争优势的影响：技术动荡性的调节作用 [J]. 科技管理研究，2020，40（9）：196-204.

[115] 王锐淇，彭良涛，蒋宁. 基于SFA与Malmquist方法的区域技术创新效率测度与影响因素分析 [J]. 科学学与科学技术管理，2010，31（9）：121-128.

[116] 王旭，褚旭. 中国制造业绿色技术创新与融资契约选择 [J]. 科学学研究，2019，37（2）：351-361.

[117] 王钰，胡海青，张琅. 知识产权保护、社会网络及新创企业创新绩效 [J]. 管理评论，2021，33（3）：129-137.

[118] 王志平，陶长琪，沈鹏熠. 基于生态足迹的区域绿色技术效率及其影响因素研究 [J]. 中国人口·资源与环境，2014，24（1）：35-40.

[119] 温忠麟，张雷，侯杰泰，等. 中介效应检验程序及其应用 [J]. 心理学报，2004，36（5）：614-620.

[120] 吴远征，张智光. 林业产业生态安全效率的SBM-Malmquist测度与时空特征分析 [J]. 科技管理研究，2019，39（24）：259-267.

[121] 肖黎明，高军峰，韩彬. 中国省际绿色创新效率的空间溢出效应——同质性和异质性检验 [J]. 工业技术经济，2018，37（4）：30-38.

[122] 肖黎明，高军峰，刘帅. 基于空间梯度的我国地区绿色技术创新效率的变化趋势——省际面板数据的经验分析 [J]. 软科学，2017，31（9）：63-68.

[123] 肖权，赵路. 异质性环境规制、FDI与中国绿色技术创新效率 [J]. 现代经济探讨，2020（4）：29-40.

[124] 肖文，林高榜. 政府支持、研发管理与技术创新效率——基于中国工业行业的实证分析 [J]. 管理世界，2014（4）：71-80.

参考文献

[125] 肖远飞，吴允，周祎庆. 新型城镇化建设能否促进低碳技术创新 [J]. 重庆理工大学学报（社会科学），2019，33（9）：22-32.

[126] 熊凯军. 营商环境、政府支持与企业创新产出效率——基于技术比较优势的视角 [J]. 首都经济贸易大学学报，2020，22（6）：83-93.

[127] 徐传谌，王鹏，崔悦，等. 城镇化水平、产业结构与经济增长——基于中国2000—2015年数据的实证研究 [J]. 经济问题，2017（6）：26-29.

[128] 杨树旺，吴婷，李梓博. 长江经济带绿色创新效率的时空分异及影响因素研究 [J]. 宏观经济研究，2018（6）：107-117+132.

[129] 姚炯，沈能. 技术异质性与区域低碳创新效率评价 [J]. 科技进步与对策，2018，35（22）：45-54.

[130] 易明，李纲，彭甲超，等. 长江经济带绿色全要素生产率的时空分异特征研究 [J]. 管理世界，2018，34（11）：178-179.

[131] 易明，彭甲超，吴超. 基于SFA方法的中国高新技术产业创新效率研究 [J]. 科研管理，2019，40（11）：22-31.

[132] 俞立平. 企业性质与创新效率——基于国家大中型工业企业的研究 [J]. 数量经济技术经济研究，2007，24（5）：108-115.

[133] 俞雅乖，刘玲燕. 我国城市环境绩效及其影响因素分析 [J]. 管理世界，2016（11）：176-177.

[134] 原毅军，陈喆. 环境规制、绿色技术创新与中国制造业转型升级 [J]. 科学学研究，2019，37（10）：1902-1911.

[135] 岳鸿飞. 基于环境规制的我国绿色技术创新效率测算 [J]. 统计与决策，2018，34（8）：100-104.

[136] 张栋浩，樊此君. 环境规制如何影响外企规模——基于港澳台企业和非港澳台企业的异质性分析 [J]. 国际经贸探索，2019，35（10）：53-70.

[137] 张峰，史志伟，宋晓娜，等. 先进制造业绿色技术创新效率及其环境规制门槛效应 [J]. 科技进步与对策，2019，36（12）：62-70.

[138] 张娟，耿弘，徐功文，等. 环境规制对绿色技术创新的影响研究 [J]. 中国人口·资源与环境，2019，29（1）：168-176.

[139] 张倩倩，张瑞，张亦冰. 环境规制下外商直接投资对环境质量的影响——基于不同行业组的比较研究 [J]. 商业研究，2019（5）：61-68.

[140] 张倩肖，冯雷，钱伟. 技术创新与产业升级协同关系：内在机理与实证检验 [J]. 人文杂志，2019（8）：65-75.

[141] 张腾飞，杨俊，盛鹏飞. 城镇化对中国碳排放的影响及作用渠道

[J]. 中国人口·资源与环境, 2016, 26 (2): 47-57.

[142] 张颖, 黄俊宇. 金融创新、新型城镇化与区域经济增长——基于空间杜宾模型的实证分析 [J]. 工业技术经济, 2019, 38 (12): 93-101.

[143] 张宇, 蒋殿春. FDI、政府监管与中国水污染——基于产业结构与技术进步分解指标的实证检验 [J]. 经济学 (季刊), 2014, 13 (2): 491-514.

[144] 张政, 孙博文. 湖北汉江生态经济带绿色增长效率的影响机制与实证研究——基于经济-社会-环境-创新子系统的视角 [J]. 生态经济, 2018, 34 (9): 67-74.

[145] 张志勤. 欧盟绿色经济的发展现状及前景分析 [J]. 全球科技经济瞭望, 2013, 28 (1): 50-57.

[146] 张宗益, 张莹. 创新环境与区域技术创新效率的实证研究 [J]. 软科学, 2008, 22 (12).

[147] 赵景柱. 持续发展的理论分析 (续) [J]. 生态经济, 1991, (3): 6-10.

[148] 赵庆. 产业结构优化升级能否促进技术创新效率？ [J]. 科学学研究, 2018, 36 (2): 239-248.

[149] 郑垂勇, 朱晔华, 程飞. 城镇化提升了绿色全要素生产率吗？——基于长江经济带的实证检验 [J]. 现代经济探讨, 2018 (5): 110-115.

[150] 钟学思, 徐静静, 李洪涛. 环境规制、知识产权保护与外商直接投资 [J]. 财会月刊, 2019 (2): 140-149.

[151] 周敏, 丁春杰, 高文. 新型城镇化对产业结构调整的影响效应研究 [J]. 生态经济, 2019, 35 (2): 101-108.

[152] 朱建峰, 郁培丽, 石俊国. 绿色技术创新、环境绩效、经济绩效与政府奖惩关系研究——基于集成供应链视角 [J]. 预测, 2015 (5): 61-66.

[153] 朱金鹤, 王雅莉. 创新补偿抑或遵循成本？污染光环抑或污染天堂？——绿色全要素生产率视角下双假说的门槛效应与空间溢出效应检验 [J]. 科技进步与对策, 2018, 35 (20): 46-54.

[154] 朱鹏颐, 刘东华, 黄新焕. 动态视角下城市科技创新效率评价研究——以福建九地级市为例 [J]. 科研管理, 2017, 38 (6): 43-50.

[155] 朱平芳, 张征宇, 等. FDI与环境规制：基于地方分权视角的实证研究 [J]. 经济研究, 2011, 46 (6): 133-145.